金铁 ◎ 著

销售的技术

大推销员的成交法则和秘诀

中华工商联合出版社

图书在版编目（CIP）数据

销售的技术：大推销员的成交法则和秘诀 / 金铁著. —— 北京：中华工商联合出版社，2025. 4. —— ISBN 978-7-5158-4210-3

Ⅰ. F713.3

中国国家版本馆CIP数据核字第2025PG7754号

销售的技术：大推销员的成交法则和秘诀

著　　者：	金　铁
出 品 人：	刘　刚
责任编辑：	吴建新　关山美
封面设计：	冬　凡
责任审读：	付德华
责任印制：	陈德松
出版发行：	中华工商联合出版社有限责任公司
印　　刷：	三河市华成印务有限公司
版　　次：	2025年4月第1版
印　　次：	2025年4月第1次印刷
开　　本：	880mm×1230mm　1/32
字　　数：	126千字
印　　张：	6
书　　号：	ISBN 978-7-5158-4210-3
定　　价：	36.00元

服务热线：010—58301130—0（前台）
销售热线：010—58302977（网店部）
　　　　　010—58302166（门店部）
　　　　　010—58302837（馆配、新媒体部）
　　　　　010—58302813（团购部）
地址邮编：北京市西城区西环广场A座
　　　　　19—20层，100044
投稿热线：010—58302907（总编室）
投稿邮箱：1621239583@qq.com

工商联版图书
版权所有　侵权必究

凡本社图书出现印装质量问题，请与印务部联系。

联系电话：010—58302915

前言

有人说，销售做得好的人，再做什么工作都会很优秀。这是因为经历了销售，就像经历了生命的磨炼，失败、绝望、无助、困惑、打击、退缩、坚持、成功……所有悲伤与快乐都在其中。经历了这一切，明白了失败其实就是考验，成功的时候也要坦然，因为没有永远的成功，也没有永远的失败。只要坚持，就可能成功。

从那些世界著名的推销大师的成长过程来看，他们要走的路更苦、更长，要掌握的知识和技能更多，与其他行业的精英相比，推销大师有更高的梦想、更坚定的进取精神，以及更强的自我驾驭能力、判断能力、沟通能力、应变能力等。

美国的"推销大王"乔·吉拉德生于贫穷、长于苦难，但他自强不息，在推销的道路上创造了一个个传奇。他平均每天销售6辆车，最多的一天竟然销售了18辆，而他一年的最高销售量是1425辆，在他15年的销售生涯中总共销售了13001辆汽车，被吉尼斯世界纪录誉为"世界上最伟大的推销员"。他告诉每一个销售员："If I can do it，you can！（如果我能做到，你也可以！）"

在日本，原一平被称为"推销之神"，是日本寿险业声名显赫的人物。他的一生充满传奇，年轻时被乡里公认为无可救药的小太保，最后却取得日本保险业连续 15 年全国业绩第一，并连续 17 年销售额达百万美元。1964 年，世界权威机构美国国际协会为表彰他在推销方面做出的成就，向其颁发了代表全球推销员最高荣誉的学院奖。

本书以生动的事例，深入阐述了包括乔·吉拉德、原一平、弗兰克·贝特格、托德·邓肯、托尼·高登等人的销售技巧及人生智慧，既是一本激动人心的励志读本，又是具有很高参考价值的行为手册。书中，推销大师们所遵循的成功法则，改变了千百万青年的命运。他们在从事推销职业中所具备的心态、修养、品质、习惯、方法、技巧等是广大的推销员良好的参考范本，为他们提升个人的修养和素质，改进销售的方法和技巧，迅速提升推销能力和业绩，更好地完善和成就自我提供了极为宝贵的指导和帮助。

在这些世界上最伟大的推销员的思想智慧、人生传奇的引领、感召和指导下，无数推销员从平凡走向卓越，改变了人生命运。更有众多各界人士受其影响与启发，成为胜利者。

目录

Part 1　成就一生的推销艺术

开场白很重要 / 2

预约拜访技巧 / 6

产品介绍技巧 / 13

处理反对意见的技巧 / 23

问对问题的技巧 / 27

电话行销术 / 34

三条黄金定律 / 41

Part 2　乔·吉拉德：我能将商品卖给任何人

让产品成为你的爱人 / 48

精心地准备销售工具 / 54

记录与客户交流的信息 / 57

用最显著的卖点来吸引顾客 / 61

抓住顾客心理促成交易 / 67

成功结束推销的艺术 / 72

Part 3　原一平：给推销员的六个忠告

培养自身，做一个有魅力的人 / 82

处处留心，客户无处不在 / 86

关心客户，重视每一个人 / 89

定期沟通，建立紧密的客户关系 / 94

主动出击，打开客户的大门 / 100

赢得客户，好好对待"上帝" / 108

Part 4　弗兰克·贝特格：经验凝成的无敌推销术

听到"不"时要振作 / 116

在极短时间内达成销售 / 125

必须学会的销售技巧 / 131

如何确保顾客的信任 / 137

Part 5　托德·邓肯：告诉你如何成为销售冠军

排练法则：排练好销售这幕剧 / 144
靶心法则：开发高回报的顾客 / 150
杠杆法则：让对手成为杠杆 / 155
催化法则：建立成熟的客户关系 / 161
加演法则：不断提升服务质量 / 166

Part 6　托尼·高登：金牌推销员的制胜法宝

向前看，而不是盯着过去 / 172
爱上你正进行的工作 / 177

Part 1
成就一生的推销艺术

开场白很重要

推销员向客户推销商品时,一个有创意的开头十分重要,好的开场白能打破顾客对你的戒备心理。

一、至关重要的开头

临时交易时,对于客户心中的想法还不知道,因而会面的开始非常重要。要引起听者的注意,让他产生兴趣,也就是有兴趣听你说话。一个人时时在接受周围的各种刺激,但对这些四面八方的刺激并非一视同仁,可能对某一刺激特别敏锐、明了,因为这会成为他一刹那的意识中心。假如听者的大脑意识中枢集中在说者的谈话上,那么此刻听者对其他刺激就不在意了。

例如,专心看电视的小朋友,任凭妈妈在旁边怎么呼喊,他都听不见。又如参加考试的学生,当其集中注意力于试卷上的题目,专心思索时,对窗外的噪声也不在意了。

由于人类都有这种心理,所以必须把客户的注意力集中到自己身上。客户的心理,能够因为讲话的人高明的开场白而完全受掌握。换句话说,说者的第一句话最具有重要性,可以有力地吸引住客户,在那可贵的一刻,在两人目光相接的时候,有许多错综复杂的心理作用就在客户身上发生了。

在刹那间,推销员所说的第一句话是否能让对方一直听到最后一句话,决定客户对推销员有没有产生好感。我们虽说要在开始10秒钟之内把握住客户的心,其实这个时间越短越有利,你要抓住客户的心,最长也不可超过10秒钟。以下让我们来看几个例子吧。

(住宅门口)"您好早哟!您在洗车吗?我是××公司的工作人员,今天特地来访问您。"

(农家门口)"您好勤快哟,这么早就起来。现在蔬菜市价很便宜了。""对呀,已经不够本了。用车子把它运到果菜市场去,刚好够汽油钱和装箱钱!"

"您好!我是××公司的。"

(在蔬菜摊)"什么?你再说清楚一点。""也没什么啦!刚才有三位太太在讲话。她们一致认为你家铺子所卖的蔬菜要比其他家新鲜得多呢!"

上面列举的开场白适用于临时交易,经常交易则无须如此。但偶尔为了改变气氛、把握客户心思,也不妨采取这类方式来聊天。

当你进门的那一刻,就要打开客户的心扉。

二、设计有创意的开场白

好的开始是成功的一半。

开场白一定要有创意,预先准备充分,有好的剧本,才会有完美的表现。可以谈谈客户感兴趣和关心的话题,投其所好。欣赏别人就是尊重自己,客户才会喜欢你;"心美"看什么都顺眼,客户才会接纳你。

如何有技巧、有礼貌地进行颇富创意的开场白及攀谈呢?应当针对不同客户的身份、人格特征及条件予以灵活运用、相互搭配。

在创意开场白的技巧上,有以下应注意的重点:事先准备好相关的、幽默有趣的话题;注意避免一些敏感性、易起争辩的话题,为人处世要小心,但不要小心眼。例如,不要说欠风度、有损自己品德、夸大吹牛的话;在面对女性时尤其要注意得体礼貌;得理要饶人,理直要气和;一定要多称赞客户及与其有关的一切事物。

可以以询问的方式开始:"您知道目前最热门、最新型的畅销商品是什么吗?"可以从肯定客户地位及社会贡献开始;从格言、谚言或有名的广告词开始;从谦和请教的方式开始等。可针对客户的习惯、嗜好、兴趣、所关心的事项开始;也可以开源节流为话题,告诉客户若购买此项产品将节省多少成本、可赚取多高的利润,并告诉他"我是专程来告诉您如何赚钱及节省成本的方法";可以用与××单位合办市场调查的方式为开始;可以用他人介绍而前来拜访的方式开始；可以举名人、有影响力的人的实际购买例子及使用后效果很好的例子为开始；以赠送小礼物、纪念品、招待券等方式开始；以试用试吃开始；以动之以情、诱之以利、晓之以害的生动演出的方式开始；以提供新构想、新商品知识的方式开始；以具有震撼力的话语、吸引客户有兴趣继续听下去的"这部机器一年内可让您多赚×百万元"为开始……

万事开头难，做推销更是如此。但是，作为一个职业推销员是绝不能因此而放弃努力的，而是应该在见客户之前做好充分的准备，设计一个有创意的开场白。

预约拜访技巧

预约客户也是一种艺术，可以通过电话、信函、拜访预约客户，恰当的预约拜访技巧对成功的推销至关重要。

一、预约技巧对成功推销极为重要

一般人对陌生的电话通常都存有戒心，他的第一个疑问必然是："你是谁？"所以我们必须先表明自己的身份，否则，一些人为避免不必要的打扰，可能敷衍你两句就挂电话。可是，也有人会说："如果我告诉他，他会更容易拒绝我。"事实上确实如此，所以我们尽可能表明：我是你的好朋友×××介绍来的。有这样一个熟悉的人做中介，对方自然就比较放心。同样地，对方心里也会问："你怎么知道我的？"我们也可以用以上的方法处理。有的人又会说："其实我是从一些资料上得到顾客的电话，那又该怎么办呢？"这时，可以这样说："我是你们董事长的好朋友，是他特别推荐你，要我打电话给你的。"这时，你也许会想：如果以后人家发现我不是董事长的好朋友，那岂不让我难堪？其实，你不必那么紧张，你打电话无非是为了获得一次面谈的机会。如果你和对方见面后交谈甚欢，那对方也不会去追究你说过的话。

大多数推销员有个毛病，即一到客户那里就说个没完，高谈阔论，舍不得走。因此，在电话约访中要主动告诉客户："我们都受过专业训练，只要占用您10分钟时间，就能将我们的业务做一个完整的说明。您放心，我不会耽误您太多时间，只要10分钟就可以了。"

解决了客户的疑惑，预约一般都能成功。只有得到客户的同意，有了和客户面对面的机会，才算为成功推销迈出了关键的第一步。

二、约见客户的几种方法

约见是推销人员与客户进行交往和联系的过程，也是信息沟通的过程。常用的约见方法有以下几种：

1. 电话约见法

如果是初次电话约见，在有介绍人介绍的情况下，需要简短地告知对方介绍者的姓名、自己所属的公司与本人姓名、打电话的事由，然后请求与他面谈。务必在短时间内给对方以良好的印象，因此，不妨这样说："这东西对贵公司是极有用的。""使用我们这种机器定能使贵公司的利润提高一倍以上。""贵公司陈小姐使用之后认为很满意，希望我们能够推荐给公司的同事们。"接着再说："我想拜访一次，当面说明，可不可以打扰您10分钟？只要10分钟就够了。"一定要强调不会占用对方太多时间,然后把这些约见时间写在预定表上,继续打电话给别家,将第二天的预定约见填满之后,便可开始访问活动了。

有一位专业推销人员说:"查克是我遇到过的最好的电话探寻员之一。查克的相貌确实不怎么样,不过,他有个优美的、有磁性的嗓音,而且很招人喜欢,特别是招管理人员的助理的喜欢。他非常善于与那些人相处,他和助理们聊天,说些俏皮话,他会这样说:'伙计,你听上去真不赖,在一个星期三的早上,你捡到钱了吗?'说些这样的话后,他会说:'顺便问一句,你的老板在不在?'然后很快,主管的电话就会被接通;有时,那些主管是位置高如波音公司董事会主席的人。

"与主管接通后,他会说:'伙计,你比一个远在欧洲的参议员还难找。'这将毫无例外地引起一阵大笑。他会接着说:'你知道,我找到了你可以将钱全部带走的办法。'主管会说:'是吗,什么办法?'查克会回答:'美国银行的分行遍布整个地球。'他不用等很长时间就可以从主管那儿得到回应,然后,他就会安排一个约见。

"当查克的老板(雇用他的专业推销人员)前去拜访这位主管时,这位主管会对查克没能同来感到失望,他会这样说,'我希望你懂得的和查克一样多'。当然,查克对此几乎一无所知,他只是安排约见。这时这位专业推销人员会说:'我想我可以。顺便问一句,查克告诉了你一些什么?'大部分时候,答案会类似于:'嗯,我也记不清了,不过它听起来确实挺有趣。'有一个能够敲定约见的人要比对产品知晓甚多的人重要得多。"

2. 信函约见法

信函是比电话更为有效的方法。虽然伴随时代的进步而出现了许多新的传递媒介，但多数人始终认为信函比电话显得更正式一些。因此，使用信函来约会访问，所受到的拒绝比电话要少。另外，运用信函约会还可将广告、商品目录、广告小册子等一起寄上，以增加对顾客的关心。有些行业甚至仅使用广告信件来做生意，这种方法有效与否在于使用方法是否得当。信函约见法的目的是创造与新的客户面谈的机会，也是寻找准客户的一个有效途径，书信往来是现代沟通学的内容之一。对于寿险推销人员来说，如果你以优美、婉转、合理的措辞给客户阐明寿险的理念，让他知道有你这么一个人挂念着他就足够了；然后，你可以登门拜访，带着先入为主的身份与他再次面谈。

巴罗最成功的"客户扩增法"的有效途径是直接通信。他曾经讲述了自己的一段经历："有一段时间，我苦恼极了，我的客户资源几乎用光了，我无事可做。我眼巴巴地望着窗外匆匆的行人，难道我能冲出去，拉住他们听我讲保险的意义吗？不，那样显然是不恰当的，他们会以为我疯了。

"我百无聊赖地翻看着报纸、杂志，看到许多人因种种缘故登在报纸、杂志上的地址，我突然灵机一动，何不按地址给他们写信？在信上陈述要比当面陈述容易得多。于是我马上行动起来，用打字机打印了一份措辞优美的信，然后复印了许多份，写上不同人的名字，依次寄出；寄走后，我的心忐忑不安，不知客户们看了有何感想。几个星期后，令我兴奋的是，有几个客户给我写了回信，表示愿意投保。这件事对我鼓舞很大，于是，我决定趁热打铁，对没有回信的人直接拜访。没想到，效果特别好，会谈时，他们不再询问我有关寿险的知识，因为信上已写得很清楚，而询问的是加入寿险有什么好处、有何保障等实际操作之类的问题。

"在我寄出的第一批准客户名单中，后来成交率在30%左右，这远比我用其他方法的成功率高得多。"

3. 访问约见法

一般情况下，在试探访问中，能够与具有决定权的人直接面谈的机会较少。因此，应在初次访问时争取与有决定权的人预约面谈。在试探访问时，应该向接见你的人这样说："那么能不能让我向贵公司总经理当面说明一下？时间大约10分钟就可以了。您认为哪一天比较妥当？"这样一来，遭到回绝的可能性自然下降。

以上三种约见方法各有利弊，应就具体情况选择采用，如有介绍人的就采用电话方式、没有什么关系的就用信件等。

三、五步达到成功邀约

第一步，以关心对方与了解对方为诉求。

发自内心地表现出诚恳而礼貌的寒暄及表示亲切的问候最令人感到温馨，不过必须注意，如果过度地在言辞上褒扬对方，反而会显得虚伪做作，虽然我们常说"礼多人不怪"，但是不真诚的推销辞令对于许多人而言并不恰当，衷心的关怀反而比较能够取得对方的信赖。

除了诚心的问候之外，了解客户的诉求也是第一要务，敏锐的推销员必须能够在客户谈论的言辞之间了解客户心中的渴望，或是最急迫而殷切想要知道的事物，才能掌握住客户的方向，达到邀约的目的。

第二步，寻找具有吸引力的话题。

凡是面对有兴趣的事物就不容易拒绝，如有人喜欢逛街买东西，只要有人邀约，纵然还有许多事情没处理完，也会"舍命陪君子"一同前往，这是因为兴趣会引起他排除万难的决心。因此提供一个可以吸引客户接受且具有高度兴趣的话题，才容易获得客户的认同而接受邀约。

第三步，提出邀约的理由。

合理而切合需求的理由是勾起客户"一定要"接受邀约的必备要素。推销员从客户的言行中可以得知他的需求，从需求中可以找到他的渴望，再由渴望中找到可以说服他的理由，如此一步步地分析与推论，客户拒绝的概率便大大地降低了。

倘若使用合理的方法进行邀约都无法让客户认同，不妨采取"低声下气"的哀兵招式，或是以不请自到、主动登门拜访的手段令客户无法推辞，总之，不管使用什么方法都以能够达到邀约为首要任务。

第四步，善用二择一的销售语言。

如果问你要不要吃饭，你的回答不是"不吃"就是"吃"。但如果直接问你要吃中餐还是西餐，吃与不吃的问题就直接跳过去，而且多半会得到一个肯定的答案。

换句话说，这种直接假设对方会接受的答案是一种快速切入的方法，也是避免遭到拒绝的方法。因为我们在回答问题时总是会受到问题的内容而影响思考，而暂时性地丧失先前的思考逻辑，所以推销员在邀约时可以舍去太过刻板的问法"有没有时间"，而改以直接问"您是上午还是下午有空"，或"下午2点还是4点比较空闲，让我们见个面吧"。

第五步，敲定后马上挂电话或立即离开。

因为人们都有不好意思反悔的心态，尤其是在答应了一段时间以后，想要再提出反对的意见比较不容易。

产品介绍技巧

如何向顾客介绍你的产品？不同的推销方法会产生不同的效果。给顾客讲一个有关产品的故事，向顾客进行产品示范，找到产品的特性，和其他产品做对比，适时运用产品介绍技巧，让你的产品成为你的忠实伙伴。

一、用顾客能懂的语言介绍

一个秀才想买柴，高声叫道："荷薪者过来！"卖柴的人迷迷糊糊地走过来。秀才问："其价几何？"卖柴的听不懂"几何"什么意思，但听到有"价"字，估计是询问价钱，就说出了价格。秀才看了看柴，说："外实而内虚，烟多而焰少，请损之。"卖柴的听不懂这话，赶紧挑起柴走了。

秀才的迂腐让我们感到很可笑，但我们的推销工作中也存在这样的情况，有些推销员在与顾客沟通的过程中总会使用一些晦涩难懂的专业术语，推销员理解起来可能没有什么问题，但是对行业情况不熟悉的客户，就有些摸不着头脑了。

莱恩受命为办公大楼采购大批的办公用品，结果，他在实际工作中碰到了一种过去从未想到的情况。

首先使他大开眼界的是一个推销信件分投箱的推销员，莱恩向这位推销员介绍了公司每天可能收到信件的大概数量，并对信箱提出了一些具体的要求。这个小伙子听后脸上露出轻松的神情，考虑片刻，便认定顾客最需要他们的CSI。

"什么是CSI？"莱恩问。

"怎么？"他用凝滞的语调回答，话语中还带着几分悲叹，"这就是你们所需要的信箱啊。"

"这是纸板做的、金属做的，还是木头做的？"莱恩试探地问道。

"如果你们想用金属的，那就需要我们的FDX了，也可以为每个FDX配上两个NCO。"

"我们有些打印件的信封会长点儿。"莱恩说明。

"那样的话，你们便需要用配有两个NCO的FDX转发普通信件，而用配有RIP的PLI转发打印件。"

这时，莱恩按捺住心中的怒火，说道："小伙子，你的话让我听起来十分荒唐。我要买的是办公用品，不是字母。如果你说的是希腊语、亚美尼亚语或汉语，我们的翻译也许还能听出点门道，弄清楚你们产品的材料、规格、使用方法、容量、颜色和价格。"

"噢，"他答道，"我说的都是我们产品的序号。"

莱恩运用律师盘问当事人的技巧，费了九牛二虎之力才慢慢从推销员嘴里搞明白他的各种信箱的规格、容量、材料、颜色和价格，从推销员嘴里掏出这些情况就像用钳子拔他的牙一样艰难，推销员似乎觉得这些都是他公司的内部情报，他已严重泄密。

如果这位先生是绝无仅有的话，莱恩还不觉得怎样，不幸的是，这位年轻的推销员只是个打头炮的，其他推销员成群结队而来：全都是些漂亮、整洁、容光焕发和诚心诚意的小伙子，每个人介绍的全是产品代号，莱恩当然一窍不通。当莱恩需要板刷时，一个小伙子竟要卖给他FHB，后来才知道这是"化纤与猪鬃"的混合制品。等物品拿来之后莱恩才发现，FHB原来是一个拖把。

几乎毫无例外，这些年轻的推销员滔滔不绝地讲述那些莱恩全然不懂的商业代号和产品序号，而且带有一种深不可测的神秘表情。开始时，莱恩还觉得挺有意思，但很快就变得无法忍受。

如果顾客对你的介绍听不懂，对产品的性能不能完全领会的话，那么他们怎么会对你的产品感兴趣呢？通俗易懂的语言是推销员必须采用的，否则，你的推销永远不会成功。

二、深入浅出地介绍产品优点

一家公司生产出了一种新的化妆品，叫作兰牌绵羊油。公司的一位推销员在销售绵羊油的时候，没有向顾客讲绵羊油含有多少微量元素、是用什么方法生产出来的，而是讲了一个动人的故事：

很久以前，有一个国王，他是一个美食家，有一个手艺精湛的厨师能做出香甜可口的饭菜，国王对他十分满意。突然有一天，这位厨师的手莫名其妙地红肿起来，做出来的饭菜再也不像以前那么好了。国王十分着急，下令让御医给厨师治病，可御医绞尽脑汁也弄不清楚这个病是怎么得的，厨师只好含泪离开王宫，开始了自己的流浪生涯。后来一个好心的牧羊人收留了这位厨师。于是，这位厨师每天和这位牧羊人风餐露宿，以放羊为生。放羊时，厨师就躺在草地中，一边回想着往事，一边用手抚摸着绵羊以安慰心中的悲愤。夏天到来的时候，他帮助这位牧羊人剪羊毛。

有一天，厨师惊奇地发现自己手上的红肿不知不觉地消退了！他十分高兴，告别了牧羊人，重新来到了王宫外，只见城墙上贴着一张红榜，国王正在面向全国招聘厨师。厨师就揭了榜前来应聘，这时人们早已认不出衣衫褴褛的他了。国王品尝了他做出的饭菜以后，觉得香甜可口，简直和以前那位厨师做得一样好吃，就把他叫过来，发现果然是以前的那位厨师。国王非常好奇地问厨师，手上的红肿怎么消退了。厨师说不知道，国王详细地询问了他离开王宫之后的经历，断定是绵羊毛使厨师手上的红肿消退了。

这时，推销员话锋一转，说道："我们就是根据这个古老的故事生产出了绵羊油。"然后，他很自然地进行产品推销。

向顾客介绍产品的时候，讲一两个小故事对推销员来说是走向成功推销的一条捷径，只有让顾客真正了解你所推销的产品，你才可能获得成功。

介绍产品时，除了善于讲小故事外，适当的示范所起的作用也是很大的。一位推销大师说过："一次示范胜过一千句话。"

几年来，一家大型电器公司一直在向一所中学推销其用于教室黑板的照明设备。联系过无数次，说过无数好话，都无结果，一位推销员想出了一个主意。他抓住学校老师集中开会的机会，拿了根细钢棍站到讲台上，两手各持钢棍的一端，说："女士们，先生们，我只耽搁大家一分钟。你们看，我用力折这根钢棍，它就弯曲了。但松一松劲，它就弹回去了。但是，如果我用的力超过了钢棍的最大承受力，它就再也不会自己变直了。孩子们的眼睛就像这钢棍，假如视力遭到的损害超过了眼睛所能承受的最大限度，那么视力就再也无法恢复，那将是花多少钱也无法弥补的。"结果，学校当场就决定购买这家电器公司的照明设备。

有一次，一位牙刷推销员向一位羊毛衫批发商演示一种新式牙刷，牙刷推销员把新旧牙刷展示给顾客的同时，给了他一个放大镜。牙刷推销员说："用放大镜看，您就会发现两种牙刷的不同。"羊毛衫批发商学会了这一招。没多久，那些靠低档货和他竞争的同行被他远远地抛在后面，从那以后，他永远带着放大镜。

纽约有一家服装店的老板在商店的橱窗里装了一部放映机，向行人放一部广告片。片中，第一个衣衫褴褛的人找工作时处处碰壁；第二个找工作的人西装笔挺，很容易就找到了工作。结尾显出一行字：好的衣着就是好的投资。这一招使他的销售额猛增。

有人做过一项调查，结果显示，假如能对视觉和听觉同时做诉求，其效果比仅只对听觉的诉求要大8倍。业务人员使用示范，就是用动作来取代言语，能使整个销售过程更生动，使整个销售工作变得更容易。

优秀的推销员明白，任何产品都可以拿来做示范。而且，在5分钟所能表演的内容比在10分钟内所能说明的内容还多。无论销售的是债券、保险或教育，任何产品都有一套示范的方法，他们把示范当成真正的销售工具。

示范为什么会有这么好的效果呢？因为顾客喜欢看表演，并希望亲眼看到事情是怎么发生的。示范除了会引起大家的兴趣之外，还可以在销售的时候更具说服力。因为顾客既然亲眼看到，所谓"眼见为实"，脑海里也就对所推销的产品深信不疑。

平庸的推销员常常以为他的产品是无形的，所以就不能拿什么东西来示范。无形的产品也能示范，虽然比有形产品要困难一些。对无形产品，可以采用影片、挂图、图表、相片等视觉辅助用具，至少这些工具可以使业务人员在介绍产品的时候不显得过于单调。

好产品不但要宣传，还需要示范，一个简单的示范胜过千言万语，其效果可让你在一分钟内做出别人一周才能达成的业绩。

三、介绍产品的特性，绝不隐瞒产品缺陷

美国康涅狄格州的一家仅招收男生的私立学校校长知道，为了争取好学生前来就读，他必须和其他一些男女合校的学校竞争。在

和潜在的学生及学生家长碰面时，校长会问："你们还考虑其他哪些学校？"通常被说出来的是一些声名卓著的男女合校学校。校长便会露出一副深思的表情，然后会说："当然，我知道这个学校，但你想知道我们的不同点在哪里吗？"

接着，这位校长就会说："我们的学校只招收男生。我们的不同点就是，我们的男学生不会为了别的事情而在学业上分心。你难道不认为，在学业上更专心有助于进入更好的大学，在大学也能很成功吗？"

在招收单一性别学校越来越少的情况下，这家专收男生的学校不但可以存活，并且生源很不错。

"人云亦云"的推销者懒惰、缺乏创意，而杰出的推销员总是能找出自己产品与竞争产品不同的地方，并自然地让顾客看到、感受到，从而让顾客改变主意，购买自己的产品。

俗话说"家丑不可外扬"，对于推销员来说，如果把自己产品的缺点讲给客户，无疑是给自己的脸上抹黑，连王婆都知道自卖自夸，见多识广的优秀的推销员怎么能不夸自己的产品呢？

其实，宣扬自己产品的优点固然是推销中必不可少的，但这个原则在实际执行中有一定的灵活性，就是在某些场合下，对某些特定的客户只讲优点不一定对推销有利。在有些时候，适当地把产品的缺点暴露给客户是一种策略，一方面可以赢得客户的信任，另一方面也能淡化产品的弱势而强化优势。适当地讲一点自己产品的缺点，不但不会使顾客退却，反而能赢得他的深度信任，从而更乐于购买你的产品。因为每位客户都知道，世上没有完美的产品，就好像没有完美的人，每一件产品都有缺点，面对顾客的疑问，要坦诚相告。

一个不动产推销员，有一次，他负责推销市区南城的一幢房子，面积有120平方米，靠近车站，交通非常方便。但是，由于附近有一座钢材加工厂，铁锤敲打声和大型研磨机的噪声不能不说是个缺点。

尽管如此，他打算向一位住在这个城市工厂区道路附近，在整天不停的噪声中生活的人推荐这幢房子，原因是其位置、条件、价格都符合这位客人的要求，最重要的一点是他原来长期住在噪声大的地区，已经有了某种抵抗力，他对客人如实地说明情况并带他到现场去看。

他说："实际上这幢房子比周围其他地方的房子便宜得多，这主要是由于附近工厂的噪声大，如果对这一点并不在意的话，其他如价格、交通条件等都符合您的要求，买下来还是合算的。"

"您特意提出噪声问题，我原以为这里的噪声大得惊人呢，其实这点噪声对我来讲不成问题，这是由于我一直住在10吨卡车的发动机不停轰鸣的地方。况且这里一到下午5点噪声就停止了，不像我现在的住处，整天震得门窗咔咔响，我看这里不错。其他不动产商人都是光讲好处，像这种缺点都设法隐瞒起来，您把缺点讲得一清二楚，我反而放心了。"

不用说，这次交易成功了。

优秀的推销员为什么讲出自己产品的缺点反而成功了呢？因为这个缺点是显而易见的，即使你不讲出来，对方也一望即知，而你把它讲出来只会显示你的诚实，而这是推销员身上难得的品质，会使顾客对你增加信任，从而相信你向他推荐的产品的优点也是真的。最重要的是他相信了你的人品，那就好办多了。

四、对比产品更能吸引顾客

一个卖苹果的人，把苹果定为每斤 5 元。人们下班的时候，他大声吆喝："5 元一斤，便宜卖了。"他的吆喝声吸引来一些低收入客户。这个卖苹果的回家后仔细琢磨，到底什么原因使更多的顾客宁愿去超市购买高价苹果呢？而且超市的苹果和自己的品种一模一样，为什么苹果价越低越不好卖呢？终于他明白了。

第二天，他把苹果分为两车，一车苹果仍然卖每斤 5 元，而和这一车一样的另一车苹果标价为每斤 10 元。果然不出所料，卖得比前几天好，还多赚钱了。

回去后，一些果农问他为什么这样卖会更快、更赚钱，他只是笑笑，告诉别的果农照办就是了，他也不知道恰当的解释。

这个小故事道理其实很简单，果农只不过运用对比缔结成交法，准确地抓住了顾客的购买心理。这种办法适合任何推销，而且简单易行。

说起对比，一般人都能理解。其实，在推销产品时，很多推销员都运用过。比如,一个寿险推销员去一家农户推销寿险,而该农户说他们已经买了保险,并且告诉你是财产险。你接下来会怎样开始推销自己的寿险呢?很简单,你把两种险做对比,找出财产险没有涉及而寿险有的益处,进而让客户感到原来寿险比财产险更有利于人身和财产的安全。

在现代社会,有种观念已经深入人的思想,那就是经常说的"好货不便宜,便宜没好货"。有的商家抓住客户心理,把两件明明一样的衣服分为两个价,一件是500元,另一件是800元。这样有的客户觉得800元的料子一定比500元的好,所以就宁愿用高价买下800元的这件;而有些顾客生活水平不高,想模仿高收入的人,所以虚荣心驱动着他们买下500元的这件,还回去宣扬一番,说自己买了件800元的衣服。其实两件衣服质地、做工都一样,这就是顾客买东西的两种心理。

多去比较自己的产品和同类的产品,吸引顾客购买是最终目的。

处理反对意见的技巧

推销中难免遇到比较"困难"的客户,征服"困难"客户需要有耐心、有计谋、勇于征服反对意见。

一、迎难而上解决问题

查理是电视台的广告推销员,这回他碰到一个棘手的问题,公司要他去攻克一个"困难"客户。这名客户在众多推销员心中相当有影响,他们把对这名客户的描述记录在卡片上给了查理。

查理仔细研究了这些卡片,卡片上的记录非常清楚:他已经五年没有购买过电视台的广告时间,同时还记着好几个同他联系过的推销员的评价。第一个写道:"他恨电视台。"第二个写道:"他拒绝在电话里同电视台推销代表谈话。"第三个写道:"这人是个混蛋。"

其他推销员的评价更加令查理捧腹大笑。这个客户究竟能有多坏?他想,如果我做成了这笔生意,那该是多么令人骄傲的事,我一定要与他做成买卖。

客户的工厂在镇子的另一边,查理花了一个小时才到那儿,一路上,查理一直在为自己鼓气:"他以前在我们电视台购买过广告时间,因此我也可以让他再购买一次。""我知道我将与他达成买卖协议,我一定可以……"

查理打起精神,下了车,走向大楼的主通道。通道里挺暗的,查理按一下门铃,没人应。查理想:太好了。我以后再也不用来这儿了。突然,查理看到有一个身材魁梧的人穿过大厅走来。查理知道是主人来了,因为卡片上清楚地记录着他是个异常高大的人。

"嗨!您好。"查理努力保持平静的声音,"我是TDL电视台的查理。"

"滚开!"他大叫起来,看上去异常气愤,额头上的青筋凸起。

"不,等等,我是公司的新职员,我希望您拿出5分钟时间来帮帮我。"查理说。

他推开门,走向大厅,并让查理随他过去,查理跟着他来到办公室。他在桌后坐下便开始对查理大吼。他告诉查理,电视台对他公司的报道是如何糟糕和低劣。他还告诉查理其他推销员之所以让他愤怒,是因为他们从不做他们承诺过的事。

"您看一下这张卡片,这是他们对您的评价。"查理把那些卡片递给他。

他瞪着那些卡片,一言不发。

他们谁也不说一句话。这时,查理打破冷场:"您看,不管以往发生过什么,不管您如何看待他们,还是他们如何评价您,现在唯一重要的是晚上10点半的天气预报广告时段公开销售了,那是一个黄金时段,如果您购买的话,对您的生意将大有裨益。我发誓我会做得非常不错,我不会让您失望的。"

"这就行了。"他的语气缓和了许多,"价钱多少?"

查理给他报了一个价,然后他告诉查理:"行,就这样达成协议吧。"

当查理回到电视台将订单给其他推销员看时,查理几乎都认为自己有两米高了。从此以后,查理对那些被认为棘手的客户再也没有害怕过。

遇到棘手客户也没有什么可怕的,不要犹豫,更不要退缩,唯有迎难而上,才是解决难题的关键。

二、巧妙应对谈判对手

在谈判中很可能遇到以战取胜的谈判者,那么,应如何应对这样的对手呢?首先要能破其"诡计"。

如果识破了对方的战术,其战术就不再起作用,因为被识破的战术就不再是战术了。例如,对方采用情感战术,你可以明确告诉对方,你虽然愿意帮助他,但是你没有权利答应他的要求;也可以点明并承认其战术高明,赞扬对手巧妙地使用了它。

1. 不要被对方唬住了

只要能保持理智的态度,用事实而不是用感情来商谈,同时表现出冷静、端庄、威严的风度和坚定的立场，那么，不论对方如何变换花样，也无济于事。

2. 要善于保护自己

当对方力量比自己强，并使用强硬的以战取胜的战略时，你可能担心自己已经投了不少心血，万一交易做不成，那将如何如何。其实在这种情况下，最大的危险是你百般迁就对方并贸然前进。有不少交易你应该下决心放弃，这是一种保护自己的最好方法。另一种保护自己的方法是"搭建禁区铁丝网"，如可以用"底价"来保护自己。所谓"底价"就是愿意接受的最低价；对买主来讲，"底价"则是愿意付出的最高价。一旦对手的要求超过此范围，应立即退出交易。

3. 善于因势利导

如果对方态度比较强硬，你又没有力量改变它，那么，当他们攻击你时，不要反击，而要把对方对你的攻击转移并引到问题上。不要直接抗拒对方的力量，而要把这种力量引向对利益的探求及构思彼此有利的方案和寻找客观规律上。对于对方的态度不要进行攻击，而要窥测其中隐含的真实意图。请对方提出对你的方案的批评和建议，把对你个人的攻击引向对问题的讨论。

4. 最好能召请第三方

当你无法和对方进行原则性谈判时，可以召请第三方出面进行调解。第三方因不直接涉及其中的利害关系，容易把人与问题分开，也容易把大家引向利益和选择方案上的讨论，并可以提出公正的原则，有利于解决双方的分歧。

问对问题的技巧

提问是交谈中的重要内容。边听边问可以引起对方的注意,为他的思考提供既定的方向,从而可以获得自己不知道的信息,也可以传达自己的感受,引起对方的思考。

一、不同的提问会有不同的效果

一名教士问他的上司:"我在祈祷的时候可以抽烟吗?"这个请求理所当然地遭到了拒绝。

另一名教士也去问同一个上司:"我在抽烟时可以祈祷吗?"上司同意了。

同一个问题,一经他这么表述,却得到允许,可见,提问是很有讲究的。

有一位母亲在和别人聊天的时候谈到了自己的儿子,原来这个儿子要求母亲为自己买一条新牛仔裤。

但是,儿子怕遭到拒绝,因为他已经有了一条牛仔裤,母亲是不可能满足他所有要求的。于是儿子采用了一种独特的方式,他没有像其他孩子那样或苦苦哀求,或撒泼耍赖,而是一本正经地对母亲说:"妈妈,你见没见过一个孩子,他只有一条牛仔裤?"

这颇为天真而又略带计谋的问话一下子打动了母亲。事后,这位母亲谈起这事,谈到了当时自己的感受:"儿子的话让我觉得若不答应他的要求,简直有点对不起他,哪怕在自己身上少花点,也不能委屈了孩子。"

就是这样一个未成年的孩子,一句话就说服了母亲,满足了自己的要求。在他说这话时,目的就是要打动母亲,并没有想到该用什么样的方法。而事实上,他的确是从母亲爱子深情上刺激了母亲,让母亲觉得儿子的要求是合情合理的。

二、善于使用反问

对方的观点或某一句话里往往隐含着矛盾,而己方又难以用陈述的语气挑明,此时,己方便可借助一个问题,使对方的自相矛盾处明显暴露,置对方于被动地位。

有位女作家擅长写言情小说,深受中学生及小资女性的喜爱。一些不喜欢这位作家的人抨击她说:"她不是一个老处女吗?怎么能把男女之间的恩怨写得那么逼真呢?难道她的生活就是如此放荡吗?"

听到这些流言蜚语后,这位女作家马上在报上登载了一则启事:"果真如此吗？我想请问，是不是一定要尝过牢狱之灾的作家才能写出有关囚犯的小说？是不是只有行迹到达水星的作家才写得出关于外星人的作品？一个在内陆长大的人，为什么敢断定餐桌上的海鲜营养丰富呢？假如有位专攻癌症的专家身体一向健康，那他的研究成果是否就不值得信赖呢？"

对于偶然遇到的意外场合，可以用常理来推论，用通则来解释。这里所说的"常理""通则"，是指由经验归纳出来的结论。这种结论来自通常情况下所发生的事件或大多数情况的概括，所以它并不适用于例外情况。

英国诗人乔治·英瑞是一位木匠的儿子，虽然当时他很受英国上层社会的尊重，但他从不隐讳自己的出身，这在英国当时虚浮的社会情况下是很少见的。

有一次，一个纨绔子弟与他在某个沙龙相遇。纨绔子弟非常忌妒他的才能，企图中伤他，便故意在别人面前高声问道:"对不起，听说阁下的父亲是一个木匠？"

"是的。"诗人回答。

"那他为什么没有把你培养成木匠呢？"

乔治微笑着回答:"对不起，那阁下的父亲是绅士了？"

"是的！"这位贵族子弟傲气十足地回答。

"那么，他怎么没有把你培养成绅士呢？"

顿时，这个所谓的贵族子弟像泄了气的皮球，哑口无言。

三、推销中的提问技巧

善于提问也是一种技巧，推销中有以下几种提问方法：

1. 限定型提问

在一个问题中提出两个可供选择的答案，两个答案都是肯定的。

人们有一种共同的心理——认为说"不"比说"是"更容易、更安全。所以，内行的推销人员向顾客提问时，尽量设法不让顾客说出"不"字。如与顾客约定见面时间时，有经验的推销人员从来不会问顾客："我可以在今天下午来见您吗？"因为这种只能在"是"和"不"中选择答案的问题，顾客多半只会说："不行，我今天下午的日程实在太紧了，等我有空的时候再打电话约定时间吧。"有经验的推销人员会对顾客说："您看我是今天下午2点来见您还是3点来？""3点来比较好。"当他说这句话时，你们的约定已经达成了。

2. 单刀直入法提问

单刀直入法要求推销人员直接针对顾客的主要购买动机，开门见山地向其推销，请看下面的场面。

门铃响了，当主人把门打开时，一个衣冠楚楚的人站在大门的台阶上，这个人问道："您家里有高级的食品搅拌器吗？"男人怔住了。这突然的一问使主人不知怎样回答才好。他转过脸来看他的夫人，夫人有点窘迫但又好奇地答道："我们家有一个食品搅拌器，不过不是特别高级的。"推销人员回答说："我这里有一个高级的。"说着，他从提包里掏出一个高级食品搅拌器。很自然地，这对夫妇接受了他的推销。

假如这个推销人员改变说话方式，一开口就说："我是×公司推销人员，我来是想问一下你们是否愿意购买一个新型食品搅拌器。"你想一想，这种说话的推销效果会如何呢？

3. 连续肯定法提问

连续肯定法是指推销人员所提问题便于顾客用赞同的口吻来回答，也就是说，推销人员让顾客对其推销说明中所提出的一系列问题，连续地回答"是"，然后，等到要求签订单时，已造成有利的情况，好让顾客再做一次肯定答复。例如，推销人员要寻求客源，事先未打招呼就打电话给新顾客，可以说："很乐意和您谈一次，提高贵公司的营业额对您一定很重要，是不是？"（很少有人会说"无所谓"）"好，我想向您介绍我们的×产品。这将有助于达到您的目标，您的日子会过得更潇洒。您很想达到自己的目标，对不对？"……就这样让顾客一"是"到底。

运用连续肯定法，要求推销人员要有准确的判断能力和敏捷的思维能力。每个问题的提出都要经过仔细的思考，特别要注意双方对话的结构，使顾客沿着推销人员的意图做出肯定的回答。

4. 诱发好奇心法提问

诱发好奇心的方法是在见面之初直接向潜在的买主说明情况或提出问题，故意讲一些能够激发他们好奇心的话，将他们的思想引到你可能为他提供的好处上。例如，一个推销人员给一个多次拒绝见他的顾客递上一张字条，上面写道："请您给我10分钟好吗？我想为一个生意上的问题征求您的意见。"字条诱发了采购经理的好奇心——他要向我请教什么问题呢？同时也满足了他的虚荣心：他向我请教！这样，结果很明显，推销人员应邀进入办公室。

5. 刺猬反应提问

在各种促进买卖成交的提问中，"刺猬"反应技巧是很有效的。所谓"刺猬"反应，其特点就是你用一个问题来回答顾客提出的问题，用自己的问题来控制你和顾客的洽谈，把谈话引向销售程序的下一步。让我们看一看"刺猬"反应式的提问法。

顾客："这项保险中有没有现金价值？"

推销人员："您很看重保险单是否具有现金价值的问题吗？"

顾客："绝对不是。我只是不想为现金价值支付任何额外的金额。"

对于这个顾客，你若一味向他推销现金价值，就会把自己推到河里去，一沉到底。这个人不想为现金价值付钱，因为他不想把现金价值当成利益。这时，你应该向他解释现金价值这个名词的含义，提高他在这方面的认识。

一般来说，提问要比讲述好，但要提出有分量的问题并不容易。简言之，提问要掌握两个要点。

一是提出探索式的问题，即发现顾客的购买意图以及怎样让他们从购买的产品中得到他们需要的利益，从而就能针对顾客的需要为他们提供恰当的服务，使买卖成交。

二是提出引导式的问题，即让顾客对你打算为他们提供的产品和服务产生信任。还是那句话，由你告诉他们，他们会怀疑；让他们自己说出来，就是真理。

在你提问之前还要注意一件事——你问的必须是他们能答得上来的问题。

最后，根据洽谈过程中你所记下的重点，对客户所谈到的内容进行简单总结，确保清楚、完整，并得到客户的一致同意。

例如："王经理，今天我跟您约定的时间已经到了，很高兴从您这里得到了这么多宝贵的信息，真的很感谢您！您今天所谈到的内容一是关于……二是关于……三是关于……是这些，对吗？"

电话行销术

电话不是抓起来就能打的，打电话有许多技巧，比如谁先挂电话，打电话时许多细节都需要礼貌。学会电话行销中绕过障碍、走向成功的法则，电话行销也能变得轻松。

一、打电话前要做好准备

按照经理叮嘱，鲁比打电话前一定要准备充分。什么时候打，打多长时间，大致讲些什么内容，都要事先设计好。一些必要的工具如笔、记事本、时间表、地图也都要准备齐全，以便在打电话过程中随时使用。经过一段时间的摸索，鲁比已经形成了自己的一套习惯。

如果是在家里打电话，鲁比会穿上舒适的衣服，使自己消除紧张，发出一种放松的、积极的声音。

想办法多打听客户除了业务以外的信息，诸如有关对方生活的信息，以求通话时有共同的话题。在身边摆好所有相关的资料，并准备好笔记本，以便随时记下对方告知的重要信息。还要做好心理准备，也许电话响得不是时候，打扰了对方，所以他提醒自己一开口就要明确打电话的原因和大约需要多少时间。

鲁比认为，即使是电话约会也要注意时间，如果事先能了解对方的工作性质和作息时间，那是最好不过的。

了解对方的时间规律后，就可以因人制宜地选择适当的时间给他们打电话，这样就容易被对方接受。

打电话有充分准备固然好，但还需要对偶然的来访电话重视起来。每一次电话交谈就是一个机会。

二、绕过障碍走向成功的法则

电话行销过程中，把打招呼、核实对方、自我介绍，作为电话推销第一切入点；把"电话缘由"称作第二切入点；把"初步探听主管及负责人"称作第三切入点。绕过电话行销的障碍以后，掌握一些成功法则并在实践中去运用它们，你也能取得很大成功。

第一个是大数法则。

徐志摩说："数大就是美。"一棵草算不上美丽，但当它们汇聚成一大片草原的时候，就变得非常壮观。同样的道理应用在业务上，即表示当你打电话的数量大到一定程度的时候，收获也一定会是非常丰富。这也就是行销实务上说的"大数法则"。

从事销售工作的人一定要知道，销售任何东西，一定会有相当比例的人向你购买，也一定会有相当比例的人不会向你购买。因此你的工作就是"把那些会向你购买的人找出来",如此而已。至于你能找出多少会向你购买的人,则完全要以你打电话的次数而定。

举例来说,如果你每接触100个人,平均会与10个人成交,那么,如果你只找到100个人,你的成绩当然也只有10件而已。但是,如果你很努力地找到500个人,则你将会获得50件成交。从这个道理我们可以发现,电话行销工作真的不难,因为你想要获得50件成交,只要肯花时间找到500个人就可以获得了,不是吗?这就是"大数法则",也就是"数大就是美"!

第二个是机会成本。

经济学里有所谓的"机会成本"理论。简单地说,假如你一天平均可以用电话跟30个人销售保险,但某一天你在一位准客户身上花了半天时间,因此当天只能跟15位准客户进行销售,那么你就是在那位准客户身上付出了15个行销的机会成本。由此可知,你必须培养精准的判断能力,明确掌握哪些准客户才是你该投入时间的对象,否则你很有可能在不知不觉中浪费许多机会成本。这种损失也有可能是倍数的损失,因为当你唯一投注的准客户最后仍然没有成交的话,不就是两手空空吗?

另外,重要的一点是,比起面对面行销,"机会成本"对于电话行销的影响程度更为显著。原因是电话行销属于"广种薄收"的行销,在短短的时间里要比面对面行销的精耕细作方式所要付出的"机会成本"大得多。

第三个是速度价值。

在投资学里有所谓的"时间价值",指的是任何投资工具都可以通过时间因素,创造出投资效益。在这里,我们要提出另外一个价值说——"速度价值"。所谓"速度价值",指的是:"在同样的时间及成交率之下,你若能因速度快而创造了比别人多得多的活动量,那么你的成绩必然比别人好。"因此,你可以知道,以后你在每天或每一次拨打电话的时候,都应该注意时间管理,也应该避免做事磨蹭或凡事慢半拍的习惯。

三、电话推销中礼貌不可忽视

有些公司每天一大早先开早会,可是通常重要的事情也是在一大早来电告知,这时打去电话通常会换来一句:"张先生在开早会,请留下电话,他会尽快与您联络。""我们的事情非常重要,能不能请他先听一下电话?""非常抱歉,不行!""可是,真的是非常重要!"像这样的办事员就会引起对方的反感。如果是熟稔的往来客户,应该知道每天早上的早会是办公室的例行公事,有什么事都得等早会开完再说,如果硬要现在谈话,会引起人的反感,以及产生不好的印象,认为这个人没礼貌又没大脑。而如果是新进客户,可能不甚了解,这时在对方告知"某人正在开会,能不能请您晚一点再打"时,可以给对方一个确定的时间,或请对方给一个方便的时间,再予以联络。

有些人在打电话时非常势利,如果接电话的是小职员,他就会不太礼貌,几乎用命令的口吻;但是,如果遇到的是大人物,可就不同了，轻声细语、毕恭毕敬。这时，问题就来了，对接电话的职员不恭敬的话，会使对方产生不愉快。更有一些人，如果你惹怒了他，他可能怀恨在心，下次你的来电再被他接到的话，他很可能推说"不在"。

如果我们对代接电话者礼貌相待，即使被找的人分身乏术，你也会被热情相待。

打电话时礼貌很重要，在打电话时，谁先挂电话也有大学问。

"请多多指教""抱歉""在您百忙之中打扰了""谢谢""再联络"这些恭维的话不可小看，它可是会使人心情舒畅的！在挂电话之前，双方能愉快地画上句号，就是一通完美的电话交谈。虽然不能保证交易一定成功，但是为了给对方留下好印象，可别忽略最后一句寒暄问候语的神奇力量！

一般而言，商务电话都是由打电话的那一方先挂电话，这是基本的电话礼貌，因为是有事情的人打电话过去，事情联络好交代完后理应挂电话，这样才可算是交易的完成。但是如果遇到的是长辈，可就另当别论了，为了表示尊重，不管是打电话的或是接电话的都应该由长辈先挂，在确定对方已经挂线后，自己再轻轻地放下听筒。

商场社交上，各公司的往来频繁，用电话沟通是常有的事，这时也显得彼此沟通良好，但若是次数太多，同样也会惹人讨厌："奇怪！怎么又来电话了！一次就好了，真啰唆，芝麻大的小事要重复几遍！"

小心，次数如果太多的话，可能带给人麻烦！有些人对刚认识的朋友态度就变得较随便，因为心里想：反正很熟嘛！可是不知道对方会非常在意,和你正好持相反的看法:"这个小陈怎么这样?以前刚认识的时候还蛮客气的,现在怎么越熟越不尊重我,那以后不是会爬到我头上吗?"这样你可能会失去一位商场上的朋友!

礼貌是好的结束,也是希望的开端,要留给对方好印象,可别忽略最后的礼貌,谨言慎行才是得体的商务应对之道。

四、向吉拉德学习打电话的妙招

作为美国最伟大的推销员之一,吉拉德在推销中是奇招迭出,就连打电话也有其独到之处。

面对电话簿,吉拉德会先翻阅几分钟,进行初步选择,找出一些看来可能性较大的地址和姓名,然后拿起电话。

"喂,科里太太,我是乔·吉拉德,这里是雪佛莱麦若里公司,我只是想让您知道您订购的汽车已经准备好了。谢谢!"

这位科里太太觉得似乎有点不对劲儿,愣了一会儿才说:"你可能打错了,我们没有订新车。"

吉拉德问道:"您能肯定是这样吗?"

"当然,这样的事情,我先生应该会告诉我。"

吉拉德又问道:"请您等一等,是凯利·科里先生的家吗?"

"不对,我先生的名字是史蒂。"

其实,吉拉德早就知道她先生的姓名,因为电话簿上写得一清二楚。

"史蒂太太，很抱歉，一大早就打扰您，我相信您一定很忙。"

对方没有挂断电话，于是吉拉德跟她在电话中聊了起来："史蒂太太，你们不会正好打算买部新车吧？"

"还没有，不过你应该问我先生才对。"

"噢，您先生他什么时候在家呢？"

"他通常晚上7点钟回来。"

"好，史蒂太太，我晚上再打来，该不会打扰你们吃晚饭吧？"

晚上7点10分时，吉拉德再次拨通了电话："喂，史蒂先生，我是乔·吉拉德，这里是雪佛莱麦若里公司。今天早晨我和史蒂太太谈过，她要我在这个时候再打电话给您，我不知道您是不是想买一部新雪佛莱牌汽车？"

"没有啊，现在还不买。"

"那您想大概什么时候可能会准备买新车呢？"

对方想了一会儿，说道："我看大概半年以后需要换新车。"

"好的，史蒂先生，到时我再和您联络。噢，对了，顺便问一下，您现在开的是哪一种车？"

在打电话时，吉拉德记下了对方的姓名、地址和电话号码，还记下了从谈话中所得到的一切有用的资料，譬如，对方在什么地方工作、有几个小孩、喜欢开哪一种型号的车等。他把这一切有用的资料都存入档案卡片里，并且把对方的名字列入推销的邮寄名单中，同时写在推销日记本上。就这样，通过两三分钟的电话聊天，吉拉德得到了宝贵的推销信息。

三条黄金定律

望、闻、问、切，既是中医之道，也是推销职场的制胜法宝。望，即观其色，辨其行；闻，即听其声，解其意；问，即顺其情，知其意；切，即切其点，察其道。

一、有效聆听，尽早收到购买信号

推销大师说，允许顾客有机会去思考和表达他们的意见。否则，你不仅无从了解对方想什么，而且会被视作粗鲁无礼，因为你没有对他们的意见表现出兴趣。

最重要的是，洗耳恭听可以使你确定顾客究竟需要什么。譬如，当一位客户提到她的孩子都在私立学校就读时，房地产经纪人就应该明白，所推销的住宅小区的学校质量问题对客户无关紧要。同样，当客户说："我们不属于那种喜欢户外活动的人。"房地产经纪人就应该让他们看一些占地较小的房屋。

股票经纪人尤其应该成为好听众，因为他们主要通过电话做推销。例如，当客户询问每一家推荐公司的股息情况时，一位善于观察的经纪人就应该意识到自己必须强调投资的收益。

很显然，对于推销人员来说，客户的某些语言信号不仅有趣，而且预示着成交有望。

认真地聆听客户的谈话，并不代表这种聆听没有目标，只是泛泛地听。一个善于聆听的推销员，应该能够在聆听的过程中尽早听出客户有关购买意愿的信号。只有这种能够捕捉到有效信号的聆听才称得上有效的聆听。相信下面典型的例子将给你带来深刻的启发。

"我认为市场调查可以结束他们的争论。"阿姆斯说，"我建议这样做，他们也同意了。我们有事实依据在手，提交的不是你或他的个人意愿，而是调查结果，我们赢得了这笔生意。"

依通常标准，有严重的语言功能障碍的阿姆斯，根本不可能做推销人员。

但阿姆斯的确是个极优秀的推销人员。他很少开口，高谈阔论对他来说有困难，潜在顾客听起来更困难，但他会提出问题，引导顾客相信他，他只用有限的话语达成交易，更多的推销人员应该从中借鉴一点经验。

二、巧妙的提问能赢得顾客的喜爱

好的医生通过恰当的提问来了解病人的病情，好的推销员通过巧妙的提问来赢得客户的喜爱。

在推销过程的每个阶段，推销人员都可能并且应该有针对性地提问。无论哪种形式的推销，为了实现其最终目标，在推销伊始，推销人员都需要进行试探性的提问与紧随其后的仔细聆听，以便顾客有积极参与推销或购买过程的机会。然而，问题是，大多数推销人员总是喜欢自己说个不停，希望自己主导谈话，而且还希望顾客能够老老实实地坐在那里，被动地聆听，以了解自己的观点。但是，对于推销人员来说，最重要的是，要尽可能有针对性地提问，以便使自己更多、更好地了解顾客的观点或者想法，而非一味地表达自己的观点。

推销人员可以在推销周期内的各个阶段运用有针对性的提问技巧：在打电话与顾客商量见面的时间和地点时，在初次拜访顾客时，在寻找合适的顾客时，在需要了解推销对象的公司及其部门的情况时，在与顾客讨论公司产品的特点和好处时，在做产品示范或进行产品展示时，在处理顾客的反对意见、关切、怀疑、误解及不实际的预期时，在与顾客商谈推销合同的条件及其内容时，在结束交易时等。

推销实践中，我们应注意提问的表述方式。例如，一个保险推销人员向一名女士提出这样一个问题："您是哪一年出生的？"结果这位女士恼怒不已。于是，这名推销人员吸取教训，改用另一种方式问："在这份登记表中，要填写您的年龄，有人愿意填写大于21岁，您愿意怎样填呢？"结果就好多了。经验告诉我们，在提问时先说明一下道理，对洽谈是很有帮助的。

获得信息的一般手段就是提问。洽谈的过程,常常是问答的过程,一问一答构成了洽谈的基本部分。恰到好处的提问与答话,更是有利于推动洽谈的进展,促使推销成功。

三、正确解读肢体语言

聪明的人,从来都不会只用耳朵来听别人说话,他更多地用眼睛来判断对方想说却又没说出来的话。

任何人如果学会仔细观察他人的身体语言信号,对自己的工作和个人生活都会获益良多。非语言信号,不仅能够传递大量的个人信息,而且能培养自己对事物的敏感性,有利于同他人建立良好的人际关系。如果人们能够发现并解读他人发出的各种信号,而且能够适时地做出适当的反应,那么,无论是在人际关系、讨论、谈判,还是在推销、访问等方面,他都能占据优势,控制局面。

如果能够通过身体语言了解对方的心思与情绪,同时自己能够适时地做出反应,一般来说,你就可以引出自己想要的结果。从其他人的身体语言中,人们可以知道自己应该何时改变应对措施,以及如何去改变应对措施。比如,应该何时改变自己的推销访问策略、产品展示会日程,或者个人风格等。也就是说,在推销人员与顾客的推销谈话中,需要适时加入一点新东西,比如,调整自己的身体语言,多展示一些产品的好处,或者采取其他技巧来实现自己的推销目标。

从对方的身体语言反应中，我们可以知道对方究竟了解到了多少谈话的内容。如果对方表现出一脸呆滞的样子，或者只是木然地凝视，那么，我们就可据以推断出，对方已经分心，或者说对方在想自己的心事。此时，说话者可以暂停片刻，或者问一问聆听者是否了解刚才说的话，或者说话者再重复一遍刚才说过的重点，给对方多一点时间来消化、吸收信息。

一般来说，洞察力强的推销人员都知道，在推销过程中，非语言信号的影响力要比单纯的语言的影响力大得多。当推销人员越来越熟练地解读对方的非语言信号时，他们就能更快、更容易地抓住每一个稍纵即逝的成交机会。

除了正确解读肢体语言外，还要注意语调。

一个人是友好还是有敌意，是冷静还是激动，是诚恳还是虚假，是谦恭还是傲慢，是同情还是讥笑，都可以通过语调表现出来，而言语本身有时倒并不显得十分重要，因为词语的含义是会随着语调而变化的。

恰当而自然地运用语调，是顺利交往和推销成功的条件。一般情况下，柔和的声调表示坦率和友善，在激动时自然会有颤抖，表示同情时略为低沉。不管说什么话，阴阳怪气的，就显得冷嘲热讽；用鼻音哼声往往表示傲慢、冷漠、恼怒和鄙视，是缺乏诚意的，自然会引起别人的不快。假如你想问推销对手一个不懂或不敢肯定的问题，你以讨教的口气，说得十分谦虚和诚恳，这样别人就乐于告诉你，相互之间就会感到很默契。可在有的时候，你可能不肯放下架子，耻于下问，生怕被别人看轻，于是就会以一种考查别人的口气发问，似乎自己早已知道，只是想考考对方而已。这样，别人感到你没有诚意，也就不会郑重其事地回答你，相互间就有了隔阂。如果你还带着鼻音发问，那么就流露出这样的态度："哼，我看你就不懂！"这样，对方往往会回敬你一句："难道你懂吗？"于是相互间就无法沟通，推销也就无法顺利进行下去。

Part 2
乔·吉拉德：
我能将商品卖给任何人

让产品成为你的爱人

乔·吉拉德说,我们推销的产品就像武器,如果武器不好使,还没开始我们就已经输了一部分。努力提高产品的质量,认真塑造产品的形象,培养自己和产品的感情,爱上推销的产品,我们的推销之路一定会顺利很多。

一、精通你的产品,为完美推销做准备

客户最希望销售人员能够提供有关产品的全套知识与信息,让客户完全了解产品的特征与效用。倘若销售人员一问三不知,就很难在客户中建立信任感。因此吉拉德在出门前,总是先充实自己,多阅读资料,并参考相关信息。做一位产品专家,才能赢得顾客的信任。假设你所销售的是汽车,你不能只说这个型号的汽车可真是好货,你最好还能在顾客问起时说出:这种汽车发动机的优势在哪里,这种汽车的油耗情况和这种汽车的维修、保养费用,以及和同类车相比它的优势是什么等。

多了解产品知识很有必要，产品知识是建立热忱的两大因素之一。若想成为杰出的销售高手，工作热忱是不可或缺的条件。吉拉德告诉我们，一定要熟知你所销售的产品的知识，才能对你自己的销售工作产生真切的工作热忱。能用一大堆事实做后盾，是一名销售人员成功的信号。要激发高度的销售热情，你一定要变成自己产品忠诚的拥护者。如果你用过产品并满意的话，自然会有高度的销售热情，不相信自己的产品而销售的人，只会给人一种隔靴搔痒的感受，想打动客户的心就很难了。

我们需要产品知识来增加勇气。许多刚出道不久的销售人员，甚至已有多年经验的业务代表，都会担心顾客提出他们不能回答的问题。对产品知识知道得越多，工作时越有底气。

产品知识会使我们更专业。

产品知识会使我们在与专家对谈的时候能更有信心。尤其在我们与采购人员、工程师、会计师及其他专业人员谈生意的时候，更能证明充分了解产品知识的必要。可口可乐公司曾询问过几个较大的客户，请他们列出优秀销售人员最杰出的素质，得到的最多回答是："具有完备的产品知识。"

你对产品懂得越多，就越会明白产品对使用者来说有什么好处，也就越能用有效的方式为顾客做说明。

此外，产品知识可以增加你的竞争力。假如你不把产品的种种好处陈述给顾客听，那么你如何能激发起顾客的购买欲望呢？了解产品越多，就越无所惧怕。产品知识能让你更容易赢得顾客的信任。

二、对产品充满信心

推销人员给顾客推销的是本公司的产品或服务，那么应该明白产品或服务就是把你与顾客联系在一起的纽带。你要让顾客购买你所推销的产品，首先你应该对自己的产品充满信心，否则就不能发现产品的优点，在推销时就不能底气十足；而当顾客对这些产品提出意见时，就不能找出充分的理由说服顾客，也就很难打动顾客的心。这样一来，整个推销活动就成为一句空话。

如何对你的产品有信心？吉拉德告诉我们以下几种有效的方法。

首先，要熟悉和喜欢你所推销的产品。

如果你对所推销的产品并不十分熟悉，只了解一些表面的浅显的情况，而缺乏深入的、广泛的了解，就会影响你对推销本企业产品的信心。在推销活动中，顾客多提几个问题，就把你"问"住了，许多顾客往往因为得不到满意的回答而打消了购买的念头，结果因对产品解释不清或宣传不力而影响推销业绩。更严重的问题是，时间一长，不少推销人员会有意无意地把影响业绩的原因归罪于产品本身，从而对所推销的产品渐渐失去信心。心理学认为，人在自我知觉时，有一种无意识的自我防御机制，会处处为自己辩解。因此，为消除自我意识在日常推销中的负面影响，对本企业产品建立起充分的信心，推销人员应充分了解产品的情况，并掌握关于产品的丰富知识。只有当你全面地掌握了所推销产品的情况和知识，才能对说服顾客更有把握，更有自信心。

在熟知产品情况的基础上，你还需喜爱自己所推销的产品。喜爱是一种积极的心理倾向和态度倾向，能够激发人的热情，产生积极的行动，有利于增强人们对所喜爱事物的信心。推销人员要喜爱本企业的产品，就应逐步培养对本企业产品的兴趣。推销人员不可能一下子对企业的产品感兴趣，因为兴趣不是与生俱来的，而是后天培养起来的，但作为一种职业要求和实现推销目标的需要，推销人员应当自觉地、有意识地逐步培养自己对本企业产品的兴趣，力求对所推销的产品做到喜爱和相信。

其次，要关注客户需求，推动产品的改进。

任何企业的产品都处在一个不断改进和更新的过程中。因此，推销人员所相信的产品也应该是一种不断完善和发展的产品。产品改进的动力来自市场和客户，推销人员是距离市场和客户最近的人，他们可以把客户意见及市场竞争的形势及时反馈给生产部门，还可将客户要求进行综合归纳后形成产品改进的建设性方案提交给企业领导。这样，改进后或新推出的产品更加优良、先进和适应市场需要，凝结着推销人员的劳动和智慧，他们就能更加充满信心地去推销这些产品。

最后，还要相信自己所推销的产品的价格具有竞争力。

由于顾客在心理上总认为推销人员会故意要高价，因而总会说价格太高，希望推销人员降价出售。这时，推销人员必须坚信自己的产品价格的合理性。虽然自己的要价中包含着准备在讨价还价中让给顾客的部分，但也绝不能轻易让价；否则，会给人留下随意定价的印象。尤其当顾客用其他同类产品较低的价格做比较来要求降价时，推销人员必须坚定信念，坚持一分钱一分货，只有这样，才有说服顾客购买的信心和勇气。当然，相信自己推销的产品，前提是对该产品有充分的了解，既要了解产品的质量，又要了解产品的成本。对于那些质量值得怀疑，或者那些自己也认为对方不需要的产品，不要向顾客推销。

三、产品至上，认真塑造产品形象

塑造形象的意识是整个现代推销意识的核心。良好的形象和信誉是企业的一笔无形资产和无价之宝，对于推销员来说，在客户面前最重要的是珍惜信誉、重视形象的经营思想。

国内外许多推销界的权威人士提出，推销工作蕴含的另一个重要目的，除了"买我"之外，还要"爱我"，即塑造良好的公众形象。在这里有一点需要说明，那就是树立的形象必须是真实的。公众形象要求以优质的产品、优良的服务以及推销员的言行举止为基础，虚假的、编造出来的形象也许可能会存在一时，但不可能长久存在。

具有强烈的塑造形象意识的推销员，清醒地懂得用户的评价和反馈对于自身工作的极端重要性，他们会时时刻刻像保护眼睛一样维护自己的声誉。

有人说过，如果可口可乐公司遍及世界各地的工厂在一夜之间被大火烧光，那么第二天的头条新闻将是"各国银行巨头争先恐后地向这家公司贷款"，这是因为，人们相信可口可乐不会轻易放弃"世界第一饮料"的形象和声誉。这家公司在红色背景前简简单单写上8个英文字母"CocaCola"的鲜明生动的标记，通过公司宣传推销工作的长期努力已经得到了全世界消费者的认可，它的形象早已深入各界人士的脑海里，一旦具备相应的购买条件，他们寻找的饮料必是可口可乐无疑。

对于任何工商企业的推销员而言，确立塑造形象的意识是筹划一切推销活动的前提与基础。只有明确认识良好的形象是一种无形的财富和取用不尽的资源，是企业和产品跻身市场的"护身符"，才能卓有成效地开展各种类型的宣传推广活动。

乔·吉拉德说，只有让产品先接近顾客，让产品做无声的介绍，让产品默默推销自己，才是产品接近法的最大优点。例如，服装和珠宝饰物推销员可以一言不发地把产品送到顾客的手中，顾客自然会看货物，一旦产生兴趣、开口讲话，接近顾客的目的便达到了。

精心地准备销售工具

乔·吉拉德说过：如果让我说出我发展生意的最好办法，那么，我这个工具箱里的东西可能会让你吃惊，我会随时为销售做好各种准备工作。

一、善用名片，把自己介绍给周围的每一个人

金牌推销员吉拉德喜欢去运动场上观看比赛，当万众欢腾时，他就大把大把地抛出自己的名片。在观看橄榄球比赛时，当人们手舞足蹈、摇旗呐喊、欢呼雀跃、忘乎所以的时候，吉拉德同样兴奋不已，只不过他同时还要抛出一沓沓名片。

吉拉德认为："我把名片放在一个纸袋里，随时准备抛出去。也许有人以为我是在体育场上乱扔纸屑，制造名片垃圾。但是，只要这几百张名片中有一张到了一个需要汽车的人的手中，或者他认识一个需要汽车的人，那么我就可以做成一单生意，赚到足够的现金，抛出些名片我也算划得来了。和打电话一样，扔名片也可以制

造推销机会。你应该知道，我的这种做法是一种有效的方法，我撒出自己的名片，也撒下了丰收的种子；我制造了纸屑垃圾，也制造了未来的生意。"

也许你会认为吉拉德的这种做法很奇怪，但是这种做法确实帮他做成了一些交易。很多买汽车的人对这种行为感兴趣，因为扔名片并不是一件平常的事，他们不会忘记这种与众不同的举动。

吉拉德能做出撒名片的惊人之举，到处递名片就更不用说了，他总是设法让所有与他有过接触的人都知道他是干什么的、推销什么东西的，即使是那些卖东西给他的人。甚至在餐馆付账时，他也把名片附在账款中。假如一餐饭的账单是20美元，一般人支付15%的小费是3美元，而吉拉德常会留下4美元，并且附上他的名片，对所有的侍者，吉拉德都采用这种方式。

让与你接触的人知道你是干什么的、你卖的是什么东西，名片就成了最好的工具，好好利用名片会为你创造许多推销的机会。

二、拜访客户前做好一切准备

推销前要先做好物质准备。

物质准备工作做得好，可以让顾客感到推销人员的诚意，可以帮助推销人员树立良好的洽谈形象，从而形成友好、和谐、宽松的洽谈气氛。

物质方面的准备，首先是推销人员自己的仪表准备，应当以整洁大方、干净利落、庄重优雅的仪表给顾客留下其道德品质、工作作风、生活情调等方面良好的第一印象。其次，推销人员应根据访问目的的不同准备随身必备的物品，通常有客户的资料、样品、价目表、示范器材、发票、印鉴、合同纸、笔记本、笔等。

物质准备应当认真仔细，不能丢三落四，以防访问中因此而误事或给顾客留下不好的印象。行装不要过于累赘，风尘仆仆的模样会给人留下"过路人"的印象，这也会影响洽谈的效果。

除做好物质准备外，还要做好情报准备。

一位杰出的寿险业务员不但是一位好的调查员，还必须是一个优秀的社会工作者。在这个世界上，每一个人都渴望他人的关怀，当你带上评估客户的资料去关怀他时，对方肯定会欢迎你的，这样你做业务就容易多了。

乔·吉拉德说："不论你推销的是什么东西，最有效的办法就是让顾客相信，真心相信，喜欢他、关心他。"如果顾客对你抱有好感，那么你成交的希望就增加了。要使顾客相信你喜欢他、关心他，那你就必须了解顾客，搜集顾客的各种有关资料。

最后，吉拉德中肯地指出："如果你想要把东西卖给某人，你就应该尽自己的力量去收集他与你生意有关的情报……不论你推销的是什么东西。"

如果你每天肯花一点时间来了解自己的顾客，做好准备、铺平道路，那么你就不愁没有自己的顾客。

记录与客户交流的信息

乔·吉拉德告诉我们,推销人员应该将当天的访问工作进行记录,这对以后的工作会有很大的帮助。

一、做好客户访问记录十分重要

1952年,后来有着"世界首席推销员"之称的齐藤竹之助进入日本朝日生命保险公司从事寿险工作。1965年,他创下了签订保险合同的世界最高纪录。他一生完成了近5000份保险合同,成为日本首席推销员。他推销的金额高达12.26亿日元,作为亚洲代表,连续4年出席美国百万圆桌会议,并被该会认定为百万圆桌俱乐部终身会员。

那么,齐藤竹之助是如何做到这一切的呢?

他说:"无论在什么时候,我都在口袋里装有记录用的纸和笔。在打电话、商谈、听讲或是读书时,身边备有记录用纸,使用起来是很方便的。一边打电话,一边可以把对方重要的话记录下来;商谈时可以在纸上写出具体事例和数字转交给客户看。"

齐藤竹之助在自己家中到处放置了记录用纸,包括电视机前、床头、厕所等地方,使自己无论在何时何处,只要脑海里浮现出好主意、好计划,就能立刻把它记下来。

乔·吉拉德也指出,当推销人员访问了一个客户后,应记下他的姓名、地址、电话号码等,并整理成档案,予以保存。同时对于自己工作中的优点与不足,也应该详细地进行整理。这样每天坚持下去,在以后的推销过程中就会避免许多令人难堪的场面。拿记住别人的姓名这一点来说,一般人对自己的名字比对其他人的名字感兴趣,但是推销人员如果能记住客户的名字,并且很轻易就叫出来,等于给予别人一个巧妙而有效的赞美。

这种记录还能将你的思想集中起来,专一应用在商品交易上。这样一来,那些不必要的烦恼就会从你大脑中消失。另外,这种记录工作还可以帮助你提高推销方面的专业知识水平。乔·吉拉德在一次讲座中讲过下面这个案例。

杰克一直在向一位顾客推销一台压板机,并希望对方订货,然而顾客无动于衷。他接二连三地向顾客介绍了机器的各种优点,同时,他还向顾客指出,到目前为止,交货期一直定为6个月;从明年1月起,交货期将设为12个月。顾客告诉杰克,他自己不能马上做决定;并告诉杰克,下月再来见他。到了次年1月,杰克又去拜访他的客户,此时他把过去曾提过的交货期忘得一干二净。当顾客再次向他询问交货期时,杰克仍说是6个月,在交货期问题上颠三倒四。忽然，杰克想起他在一本有关推销的书上看到的一条妙计，在背水一战的情况下，应在推销的最后阶段向顾客提供最优惠的价格条件，因为只有这样才能促成交易。于是他向顾客建议，只要马上订货，可以降价10%。而上次磋商时，他说过削价的最大限度为5%，顾客听他现在又这么一说，一气之下终止了洽谈。杰克无可奈何，只好扫兴而归。

从这个事例里，我们能得出一个什么样的结论呢？如果杰克在第一次拜访后有很好的访问记录；如果他不是因为交货期和削价等问题颠三倒四；又如果他能在第二次拜访之前回想一下上次拜访的经过，做好准备，那么第二次的洽谈也许会有成功的机会，因为这样可以减少一些不必要的麻烦。

乔·吉拉德告诉我们，客户访问记录应该包括顾客特别感兴趣的问题及顾客提出的反对意见。有了这些记录，才能让你的谈话前后一致，更好地进行以后的拜访工作。

推销人员在推销过程中一定要做好每天的客户访问记录，特别是对那些已经有购买意向的客户，更要有详细的记录，这样当你再次拜访客户的时候，就不会发生与杰克同样的情况。

二、仔细研究顾客购买记录

通过顾客购买记录能为顾客提供更全面的服务，同时，还可以加大顾客的购买力度，提高推销数量。在这一方面，华登书店做得非常好，它充分利用顾客购买记录来进行多种合作性推销，取得了显著效果。最简单的方法是按照顾客兴趣，寄发最新的相关书籍的书目。华登书店把书目按类别寄给曾经购买相关书籍的顾客，这类寄给个别读者的书讯，实际上也相当于折价券。

这项推销活动是否旨在鼓励顾客大量购买以获得折扣呢？只对了一半。除了鼓励购买之外，这也是一项目标明确、精心设计的合作性推销活动，引导顾客利用本身提供给书店的资讯，满足其个人需要，找到自己感兴趣的书。活动成功的关键在于邀请个别顾客积极参与，告诉书店自己感兴趣和最近开始感兴趣的图书类别。

华登书店还向会员收取小额的年费，并提供更多的服务，大部分顾客也认为花这点钱成为会员是十分有利的。顾客为什么愿意加入呢？缴费加入"爱书人俱乐部"，基本上就表示同意书店帮助卖更多的书给自己，但顾客并不会将之视为敌对性的推销，而是合作性的推销。

无论如何，这里要说明的是，任何推销员如果要以明确的方式与个别顾客合作，最重要的就是取得顾客的回馈，以及有关顾客个人需求的一切资料。

拥有越多顾客的购买记录，也就越容易创造和顾客合作的机会，进而为顾客提供满意的服务。

推销员要养成记录的习惯，把有用的数据和灵光一现的想法及时记录下来，经过长期积累，就会发现这些记录是一笔宝贵的财富。

用最显著的卖点来吸引顾客

乔·吉拉德说,推销牛排时最好让顾客听到刺啦声,卖蛋糕时要让蛋糕的香味四溢。销售中只有发现最能吸引顾客的卖点,你的推销才能成功。如果你要出售汽车,就要让他去车上坐一坐,试开一下。

一、从满足顾客需求出发介绍商品

乔·吉拉德在《将任何东西卖给任何人》一书中有一些表述:

我绝不会忘记我一生中许多让我激动的第一次。我还记得自己第一次拿起新电钻的情景。那电钻不是我的,而是邻居的一个小伙伴得到的圣诞礼物。他打开礼物包装时我在旁边,那是一把崭新的电钻。我接过电钻插上电源,不停地到处钻眼。我还记得自己第一次坐进新车的感觉。那时我已经长大了,但以前坐的都是旧车,座位套都有酸臭味了。后来一个邻居买了辆新车,他买回来的第一天我就坐了进去。我绝不会忘记那辆新车的气味。

如果你卖其他东西,情况就完全不一样了。如果你卖人寿保险,你就无法让顾客闻闻或试试，但只要是能动能摸的东西，你就应该让顾客试一下。在向男士们销售羊毛外套时，有哪位销售员不让顾客先摸摸呢？

所以一定要让顾客坐上车试一下，我一向这么做，这会使他产生拥有该车的欲望。即使当时没成交，以后当他又想买这辆车时，我还可以试着说服他。当我让男顾客试车时，我一句话都不说，让他试驾一圈。有专家说过，这时候就应该向他介绍汽车的各种特点，但我不信。我发现自己说的话越少，他就对车闻和摸得越多，并会开口说话。我就希望他开口说话，因为我想知道他喜欢什么、不喜欢什么。我希望他通过介绍自己的工作单位、家庭及住址等帮助我了解他的经济状况。当你坐在副座上时，顾客通常会把一切有关情况都讲给你听，这样你向他销售和为他申请贷款所需的情况就都有了。因此，让他驾车是一件必须做的事。

人们爱试试新东西的功能，摸摸它及把玩把玩。还记得厂家在加油站搞的减震器演示（你先拉旧减震器的把手，然后拉新减震器的把手）吗？我相信我们大都体验过，我们都有好奇心。不论你卖什么，你都要想办法演示你的产品，重要的是要确保潜在顾客参加产品的演示。如果你能将产品的功能诉诸人们的感官，那你也在将其诉诸人们的情感。我认为，人们购买大部分商品是由于情感而不是逻辑的原因。

一旦顾客坐上驾驶台，他十有八九要问往哪儿开，我总是告诉他可以随便开。如果他家在附近，我可能建议从他家门口绕一圈，这样他可以让他妻子和孩子看到这辆车,如果有几位邻居正站在门廊上,他们也能看到这辆车,我希望他让大家看到他开着新车,因为我希望他感觉好像已经买了这辆车而正在展示给大家看,这有助于他下定买车的决心,因为他可能不希望回家后告诉家人自己没有买这辆便宜车。我不想引顾客过分"上钩"——仅仅一点点。

我不想让顾客试车时开得太远,因为我的时间很宝贵。试车人一般都自认为已开得太远了,虽然事实上并不太远,所以我会让顾客随意开,如果他认为自己开得有点远了,这也会使他感激我。

每一样产品都有它的独特之处,以及和其他同类产品不同的地方,这便是它的特征。产品特征包括一些明显的内容,如尺码和颜色;或一些不太明显的,如原料。从顾客最感兴趣的方面出发来介绍产品,才能吸引顾客的注意力。

产品的特征可以让顾客把你推荐的产品从竞争对手的产品或制造商的其他型号中分辨出来。一位器具生产商可能提供几个不同款式的冰箱,而每个款式都有些不同的特征。

推销家具时,鼓励顾客亲身体验,请他们用手触摸家具表面的纤维或木料,坐到椅子上或到床上躺一会儿。用餐桌布、食具和玻璃器皿布置桌面;整理床铺后,旋转两个有特色的睡枕;安乐椅旁的桌子上摆放一座台灯和一些读物。给顾客展示如何从沙发床拖拉出床褥,也可请顾客坐到卧椅上,尝试调整它的斜度。

推销化妆品和浴室用品时,提供一些小巧的样品给顾客拿回家用;开启并注明哪些是可试用的产品样本;建议顾客试用你的产品;

把沐浴露或沐浴泡沫放进一盆温水中，让顾客触摸它的质感或嗅嗅它的香气。

推销有关食物的东西时，向顾客展示怎样使用某种材料或烹调一种食品。派发食谱、陈列几款建议的菜肴，并让顾客现场品尝。建议如何把某种食品搭配其他菜式，如做一顿与众不同的假日大餐，又或将它制成适合野餐或其他户外活动享用的食物。

二、找到顾客购买的诱因

曾经有一位房地产推销员带一对夫妻进入一座房子的院子时，太太发现这房子的后院有一棵非常漂亮的木棉树，而推销员注意到这位太太很兴奋地告诉她的丈夫："你看，院子里的这棵木棉树真漂亮。"当这对夫妻进入房子的客厅时，他们显然对这间客厅陈旧的地板有些不太满意，这时，推销员就对他们说："是啊，这间客厅的地板是有些陈旧，但你知道吗？这幢房子的最大优点就是当你从这间客厅向窗外望去时，可以看到那棵非常漂亮的木棉树。"

当这对夫妻走到厨房时，太太抱怨这间厨房的设备陈旧，而这个推销员接着又说："是啊，但是当你在做晚餐的时候，从厨房向窗外望去，就可以看到那棵木棉树。"当这对夫妻走到其他房间，不论他们如何指出这幢房子的任何缺点，这个推销员都一直重复地说："是啊，这幢房子是有许多缺点。但您二位知道吗？这房子有一个特点是其他房子所没有的，那就是您从任何一间房间的窗户向外望去,都可以看到那棵非常美丽的木棉树。"这个推销员在整个推销过程中一直不断地强调院子里那棵美丽的木棉树,他把这对夫妻所有的注意力都集中在了那棵木棉树上,当然,这对夫妻最后花了50万美元买了"那棵木棉树"。

在推销过程中,我们所推销的每种产品以及所遇到的每一个客户,心中都有一棵"木棉树"。而我们最重要的工作就是在最短的时间内找出那棵"木棉树",然后将我们所有的注意力放在推销那棵"木棉树"上,那么客户就自然而然地会减少许多抗拒。

在你接触一个新客户时,应该尽快地找出那些不同的购买诱因当中这位客户最关心的那一点。最简单有效地找出客户主要购买诱因的方法是通过敏锐的观察以及提出有效的问题。另外一种方法也能有效地帮助我们找出客户的主要购买诱因。这个方法就是询问曾经购买过我们产品的老客户,很诚恳地请问他们:"先生/小姐,请问当初是什么原因使您愿意购买我们的产品?"当你将所有老客户主要的一两项购买诱因找出来后,再加以分析,就能够很容易地发现他们当初购买产品的那些最重要的利益点是哪些。

如果你是一个推销电脑财务软件的推销员,必须非常清楚地了解客户为什么会购买财务软件。当客户购买一套财务软件时,他最在乎的可能并不是这套财务软件能做出多么漂亮的图表,而最主要的目的可能是希望能够用最有效率和最简单的方式得到最精确的财务报告,进而节省更多开支。所以,当推销员向客户介绍软件时,如果只把注意力放在解说这套财务软件如何使用、介绍这套财务软件能够做出多么漂亮的图表，对客户的影响可能并不大。如果你告诉客户，只要花1000元买这套财务软件，就可以让他的公司每个月节省2000元的开支，或者增加2000元的利润，他就会对这套财务软件产生兴趣。

三、帮助顾客迈出第一步

一家特殊化学制造厂的超级推销员在与一位潜在顾客开始第一次会议时，她是这样进行的："先生，我们在这种情况的应用方面有许多成功的经验，而且在计算出实际金额后，总能带给顾客很好的投资报酬回收。要不，我们先参观一下工厂，可以让你们看看如何组装产品。我们取得你们产品的样本，把它们拆开，并且重新组装，看看有什么方法可以降低组装的成本。接下来，我们一起进行一个投资报酬分析。然后，一起来计算我们所推荐的解决方案会替您的公司省多少钱；接着，再反过来算一下，如果不用我们所推荐的解决之道，会花您多少钱。

"接下来，我们在您的工厂来测试一下我们的产品。如果这个产品成功，我们可以试做一批限量产品。

"如果这个测试很成功，而且限量产品也达到了您要求的标准，我们再决定第一批全量生产的产品数量及交货日期。"

当顾客同意"参观工厂"后，就表示顾客心理上已经开始接受你了。迈出关键的第一步，然后用良好的服务和优质的产品来吸引顾客直到最后成交，就很简单了。

抓住顾客心理促成交易

推销是一种针对客户心理进行说服的艺术，不同的人有不同的购买心理。揣摩顾客的购买心理，运用适当的对策，自然向推销成功迈进了一大步，这也是乔·吉拉德成功的关键之处。

一、善于抓住顾客的心理

有一天，一位中年妇女从对面的福特汽车销售商行走进了吉拉德的汽车展销室。

她说自己很想买一辆白色的福特车，就像她表姐开的那辆，但是福特车行的经销商让她过一小时之后再去，所以先到这儿来瞧一瞧。

"夫人，欢迎您来看我的车。"吉拉德微笑着说。

妇女兴奋地告诉他："今天是我55岁的生日，想买一辆白色的福特车送给自己作为生日的礼物。"

"夫人，祝您生日快乐！"吉拉德热情地祝贺道。随后，他轻声地向身边的助手交代了几句。

吉拉德领着那位妇女从一辆辆新车面前慢慢走过,边看边介绍。来到一辆雪佛兰车前时,他说:"夫人,您对白色情有独钟,瞧这辆双门式轿车,也是白色的。"

就在这时,助手走了进来,把一束玫瑰花交给了吉拉德。他把这束漂亮的花送给那位妇女,再次对她的生日表示祝贺。那位妇女感动得热泪盈眶,非常激动地说:"先生,太感谢您了,已经很久没有人给我送过礼物。刚才那位福特车的推销商看到我开着一辆旧车,一定以为我买不起新车,所以在我提出要看一看车时,他就推辞说需要出去收一笔钱,我只好上您这儿来等他,现在想一想也不一定非要买福特车不可。"

后来,这位妇女就在吉拉德那儿买了一辆白色的雪佛兰轿车。

不同的人有不同的心理,针对不同的心理要采用不同的方法。

在与推销员打交道的过程中,顾客的心理活动要经历三个阶段:初见推销员,充满陌生、戒备和不安,生怕上当;在推销员的说服下,可能对商品有所了解,但仍半信半疑;在最后决定购买时,又对即将交出的钞票藕断丝连。

利用顾客心理进行推销是一项高超的技术。但是,这绝不意味着利用小聪明耍弄顾客。如果缺乏为顾客服务的诚意,很容易被顾客识破,到头来"机关算尽太聪明,反误了卿卿性命"。推销员的信用等级就可能降为零。

有一个中国商人在叙利亚的阿勒颇办完事,到一家钟表店想为朋友买几块手表，恰逢店主不在，店员赔笑道歉："本人受雇只管修理推销，店主片刻即回，请稍等。"说完走进柜台，在录音机里放入一卷录音带，店里立即响起一支优雅的中国乐曲。中国商人本想告辞，忽然听到这异国他乡的店铺传出的乡音，不觉驻足细听。半小时后，主人归来，生意自然做成了。

这是店员很好地抓住了顾客的思乡之情才促使生意顺利成交。

还有一个利用顾客的惧怕心理进行有效推销的例子。这位高明的推销员是这样说的："太太，现在鸡蛋都是经过自动选蛋机选出的，大小一样，非常漂亮，可常常会出现坏蛋。附近有一个小孩，他妈妈不在家，他想吃鸡蛋，就自己煮了吃，没想到吃了坏蛋因此中毒，差一点丢了小命……你瞧，这些都是今天刚下的新鲜鸡蛋……"

惧怕之余，这位太太买下了这些鸡蛋，等推销员走后，她才想到：我怎么知道这些鸡蛋是新鲜的呢？

客户心理虽然有机可循，但是推销员也要认真观察、仔细把握，才能找出推销的捷径。

运用心理战术的一个误区就是不仔细识别顾客的心理特点，对牛弹琴，乱点鸳鸯谱。当顾客一进入你的视线，就应当迅速判定，他在想什么。你可以从他的年龄、衣着、行为举止、职业等方面来揣摩他的心理。譬如，老年顾客往往处于心理上的孤独期，而中年客户相对比较理智，年轻人则易冲动、充满热情。从职业方面看，企业家多比较自负；经济管理人士头脑精明，喜欢摆出一副自信且内行的样子；知识分子大多个性强，千万不要伤害他的自尊心……

这些经验,都要靠推销员的细心观察才能得来。

二、顾客为上促成交易

一位学者访问某大学,该大学的一位教授请他到酒店用餐。落座不久,菜和酒就送上来了。"哎——"学者惊奇地发现送上来的这瓶装饰精美的洋酒已开封过并且只有半瓶,就问教授,教授笑而不答,只示意他看瓶颈上吊着的一张十分讲究的小卡片,上书:××教授惠存。教授见学者仍不解,遂起身拉他来到酒店入口处精巧的玻璃橱窗前,只见里面陈列着各式高级名酒,有大半瓶的,也有小半瓶的,瓶颈上挂着标有顾客姓名的小卡片。

"这里保管的都是顾客上次喝剩的酒。"教授解释道。

酒店怎么还替顾客保管剩酒?

回到座位上,教授道出了"保管剩酒"的奥秘。原来这是该市酒店业新近推出的一个服务项目,它一面世就受到广大酒店经营者的青睐,纷纷推出这项新业务。它的成功有很多原因。

第一,它有助于不断开拓经营业务。酒店为顾客保管剩酒后,这些顾客再用餐时,就多半会选择存有剩酒的酒店,而顾客喝完剩酒之后,又会要新酒,于是又可能有剩酒需要酒店代为保管,下次用餐就又会优先选择该店……如此循环往复,不断开拓酒店的生意,吸引顾客成为酒店的固定客户。

第二,有助于激发顾客的高级消费欲望。试想:稍有身份的顾客，肯定不愿让写有自己名字的卡片吊在价廉质次的酒瓶上，曝光于众目睽睽之下。于是，顾客挑选的酒越来越高级，有效地刺激了顾客的消费水平。

第三，有助于提高酒店声誉。 试问，连顾客喝剩的酒都精心保管的酒店，服务水平会低吗？经营作风难道还不诚实可靠吗？

保存剩酒使顾客感受到宾至如归的亲切感，顾客光顾酒店的次数自然越来越多。

抓住人性引诱顾客的销售方式数不胜数，各有其妙。有奖销售、附赠礼品、发送赠券、优惠券等，都是引诱推销法的具体运用，唯一不变的是以"利"、以"情"引诱顾客成为其忠实客户。

一次，百货公司的一个推销经理向一订货商推销一批货物。

在最后摊牌时，订货商说："你开的价太高，这次就算了吧。"

推销经理转身要走时，忽然发现订货商脚上的靴子非常漂亮。

推销经理由衷赞美道："您穿的这双靴子真漂亮。"

订货商一愣，随口说了声"谢谢"，然后把自己的靴子夸耀了一番。

这时，那个推销经理反问道："您为什么买双漂亮的靴子，却不去买处理鞋呢？！"

订货商大笑，最后双方握手成交。

没有卖不出去的商品，关键是看推销员推销技巧的高低。分享客户的得意之事，往往让客户有成就感，这样更容易拉近彼此的距离，从而达成交易。

成功结束推销的艺术

推销过程总要结束,不管客户买不买你的产品,都要审时度势,成功结束推销。

一、勇于提出成交请求

吉拉德认为,订约签字的那一刹那,是人生中最有魅力的时刻。

他说:"缔结的过程应该是比较轻松的、顺畅的,甚至有时候应该有一些幽默感。每当我们将产品说明的过程进行到缔结步骤的时候,不论是推销员还是客户,彼此都会开始觉得紧张,抗拒感也开始增强了,而我们的工作就是要解除这种尴尬的局面,让整个过程能够在非常自然的情况之下发生。"

你在要求成交的时候应该先运用假设成交的方法。当你观察到最佳的缔结时机已经来临时,就可以直接问客户:"你觉得哪一样产品比较适合你?"或者问:"你觉得你想要购买一个还是两个?""你觉得我们什么时候把货送到你家里最方便呢?"或者直接拿出你的购买合同，开始询问客户某些个人资料的细节。

缔结的过程之所以让人紧张，主要原因在于推销员和客户双方都有所恐惧。推销员恐惧在这个时候遭受客户的拒绝；而客户也有所恐惧，因为每当他们做出购买决定的时候，他们会有一种害怕做错决定的恐惧。

没有一个人喜欢错误的决定，任何人在购买产品时总是冒了或多或少的风险：万一他们买错了、买贵了、买了不合适的产品，他们的家人会怪他们，他们的老板或他们的合伙人会对他们的购买决定不满意，这些都会造成客户在做出购买决定的时候犹豫不决或因此退缩。

缔结是成交阶段的象征，也是推销过程中很重要的一环，有了缔结的动作才有成交的机会，但推销员有时羞于提出缔结的要求，而白白地让成交的机会溜走。

有位挨家挨户推销清洁用品的推销员好不容易才说服公寓的主妇，帮他开了铁门，让他上楼推销他的产品。当这位辛苦的推销员在主妇面前完全展示他的商品的特色后，见她没有购买的意识，黯然带着推销品下楼离开。

主妇的丈夫下班回家，她不厌其烦地将今天推销员向她展示的产品的优良性能重述一遍后，她丈夫说："既然你认为那项产品如此实用，为何没有购买？"

"是相当不错，性能也很令我满意，可是那个推销员并没有开口叫我买。"

这是推销员百密一疏、功亏一篑之处。很多推销员，尤其是刚入行的推销员在面对客户时，不敢说出请求成交的话，他们害怕遭到客户的拒绝，生怕因为这一举动葬送了整笔交易。

其实，推销员所做的一切工作，从了解顾客、接近顾客到后来的磋商等一系列行为，最终的目的是成交。遗憾的是，就是这临门一脚，也是最关键的一环，却是推销员最需要努力学习的。

成交的速度当然是越快越好，任何人都知道成交的时间用得越少，成交的件数就越多。有一句话在推销技巧中被喻为金科玉律："成交并不稀奇，快速成交才积极。"这句话直接说明了速度对于销售的重要性。

但是，到底要如何才能达到快速成交的目的？首先必须掌握一个原则：不要做太多说明，商品的特性解说对于客户接受商品的程度是有正面影响的，但是如果解释得太详细反而会造成画蛇添足的窘境。

推销员若感觉到客户购买的意愿出现，可以适当地提出销售建议，这是很重要的一环。大多数人在决定买与不买之间会有犹豫的心态，这时只要敢大胆地提出积极而肯定的要求，营造出半强迫性的购买环境，客户的订单就可以手到擒来。千万不要感到不好意思，以为谈钱很现实，反而要了解"会吵的孩子有糖吃"的道理。

适时地尝试可以达到快速成交的理念，倘若提出要求却遭受无情的拒绝，而未能如愿以偿也无妨，只要再回到商品的解说上，接续前面的话题继续进行说明就可以了，直到再一次发现客户的购买意愿出现，再一次提出要求并成交为止。多一份缔结要求就等于多一分成交的机会，推销员必须打破刻板的旧观念，大胆勇于尝试提出缔结的要求。

二、任何时候都要留有余地

乔·吉拉德说，保留一定的成交余地，就是要保留一定的退让余地。任何交易的达成都必须经历一番讨价还价，很少有一项交易是按卖主的最初报价成交的。尤其是在买方市场的情况下，几乎所有的交易都是在卖方做出适当让步之后拍板成交的。因此，推销员在成交之前如果把所有的优惠条件都一股脑地端给顾客，当顾客要求你再做些让步才同意成交时，你就没有退让的余地了。所以，为了有效地促成交易，推销员一定要保留适当的退让余地。

有时进行到这一步，当电话销售人员要求客户下订单的时候，客户可能还会有另外没有解决的问题提出来，也可能有顾虑。想一想：我们前面探讨更多的是如何满足客户的需求，但现在，需要客户真正做决定了，他会面临决策的压力，他会更好地询问与企业有关的其他顾虑。如果客户最后没做决定，在销售人员结束电话前，千万不要忘了向客户表达真诚的感谢：

"马经理，十分感谢您对我工作的支持，我会与您随时保持联系，以确保您愉快地使用我们的产品。如果您有什么问题，请随时与我联系，谢谢！"

同时，推销员可以通过说这样的话来促进成交：

"为了使您尽快拿到货,我今天就帮您下订单可以吗?"

"您在报价单上签字、盖章后,传真给我就可以了。"

"马经理,您希望我们的工程师什么时候为您上门安装?"

"马经理,还有什么问题需要我再为您解释呢?如果这样,您希望这批货什么时候到您公司呢?"

"马经理,假如您想进一步商谈的话,您希望我们在什么时候可以确定?"

"当货到了您公司以后,您需要上门安装及培训吗?"

"为了今天能将这件事确定下来,您认为我还需要为您做什么事情?"

"所有事情都已经解决,剩下来的,就是得到您的同意了(保持沉默)。"

"从公司来讲,今天就是下订单的最佳时机,您看怎么样(保持沉默)?"

一旦销售人员在电话中与客户达成了协议,需要进一步确认报价单、送货地址和送货时间是否准备无误,以免出现不必要的误会。

推销时留有余地很容易诱导顾客主动成交。

诱导顾客主动成交,即设法使顾客主动采取购买行动。这是成交的一项基本策略。一般而言,如果顾客主动提出购买,说明推销员的说服工作十分奏效,也意味着顾客对产品及交易条件十分满意,以至顾客认为没有必要再讨价还价,因而成交非常顺利。所以,在推销过程中,推销员应尽可能诱导顾客主动购买产品,这样可以减少成交的阻力。

推销员要努力使顾客觉得成交是他自己的主意，而非别人强迫。通常，人们都喜欢按照自己的意愿行事。由于自我意识的作用，对于别人的意见总会下意识地产生一种"排斥"心理，尽管别人的意见很对，也不乐意接受，即使接受了，心里也会感到不畅快。因此，推销员在说服顾客采取购买行动时，一定要让顾客觉得这个决定是他自己的主意。这样，在成交的时候，他的心情就会十分舒畅而又轻松，甚至为自己做了一笔合算的买卖而自豪。

不要为了让你的客户一时做出购买的决定而对他们做出你根本无法达到的承诺。因为这种做法最后只会让你丧失你的客户，让客户对你失去信心，那是绝对得不偿失的。

许多推销员在成交的最后过程中，为了能使客户尽快地签单或购买产品，而无论客户提出什么样的要求，他们都先答应下来，而到最后当这些承诺无法被满足的时候，却发现绝大多数情况下会造成客户的抱怨和不满，甚至会让客户取消他们当初的订单。而且当这种事情发生时，我们所损失的不仅是只有这个客户，而且是这个客户以及他周边所有的潜在客户。

三、成交以后尽量避免客户反悔

大厦清洁公司的推销员刘先生，当一栋新盖的大厦完成时，马上跑去见该大厦的业务主任，想承揽所有的清洁工作，例如，各个房间地板的清扫、玻璃窗的清洁、公共设施、大厅、走廊、厕所等所有的清理工作。当刘先生承揽到生意，办好手续，从侧门兴奋地走出来时，一不小心，把消防用的水桶给踢翻，水洒了一地，有位事务员赶紧拿着拖把将地板上的水擦干。这一幕正巧被业务主任看到，他心里很不舒服，就打通电话，将这次合同取消。他的理由是："像你这种年纪的人，还会做出这么不小心的事，将来实际担任本大厦清扫工作的人员，更不知会做出什么样的事来，既然你们的人员无法让人放心，所以我认为还是解约的好。"

推销员不要因为生意谈成，高兴得昏了头，而做出把水桶踢翻之类的事，使得谈成的生意又变成泡影，煮熟的鸭子又飞了。

这种失败的例子，也可能发生在保险业的推销员身上，例如，当保险推销员向一位妇人推销她丈夫的养老保险，只要说话稍不留神，就会使成功愉快的交易，变成怒目相视的拒绝。

"现在你跟我们订了契约，相信你心里也比较安心点了吧？"

"什么！你这句话是什么意思，你好像以为我是在等我丈夫的死期，好拿你们的保险金似的，你这句话太不礼貌了！"

于是洽谈决裂，生意也做不成了。

乔·吉拉德提醒大家，当生意快谈拢或成交时，千万要小心应对。所谓小心应对，并不是过分逼迫对方，只是在双方谈好生意，客户心里放松时，推销员最好少说几句话，以免搅乱客户的情绪。此刻最好先将摊在桌上的文件慢慢地收起来，不必再花时间与客户闲聊，因为与客户聊天时，有时也会使客户改变心意，如果客户说:"嗯!刚才我是同意了,现在我想再考虑一下。"那你所花的时间和精力就白费了。

成交之后,推销工作仍要继续进行。

专业推销员的工作始于他们听到异议或"不"之后,但他真正的工作则开始于他们听到"可以"之后。

永远也不要让客户感到专业推销员只是为了佣金而工作。不要让客户感到专业推销员一旦达到了自己的目的,就突然对客户失去兴趣,转头忙其他的事去了。如果是这样,客户就会有失落感,那么他很可能取消刚才的购买决定。

对有经验的客户来说,他对一件产品发生兴趣,但往往不是当时就买。专业推销员的任务就是要创造一种需求或渴望,让客户参与进来,让他感到兴奋,在客户情绪到达最高点时与他成交。但当客户的情绪低落下来时,当他重新冷静时,他往往会产生后悔之意。

很多客户在付款时都会产生后悔之意。不管是一次付清还是分期付款,总要犹豫一阵才肯掏钱。一个好办法就是:寄给客户一张便条、一封信或一张卡片,再次称赞和感谢他们。

作为一名真正的专业推销员,他不会卖完东西就将客户忘掉,而是定期与客户保持联系,客户会定期得到他提供的服务的。而老客户也会为他介绍更多的新客户。

"猎犬计划"是著名推销员乔·吉拉德在他的工作中总结出来的。主要观点是:作为一名优秀的推销员,在完成一笔交易后,要想方设法让顾客帮助你寻找下一位顾客。

吉拉德认为，干推销这一行，需要别人的帮助。吉拉德的很多生意都是由"猎犬"（那些会让别人到他那里买东西的顾客）帮助的结果。吉拉德的一句名言就是："买过我汽车的顾客都会帮我推销。"

在生意成交之后，吉拉德总是把一叠名片和"猎犬计划"的说明书交给顾客。说明书告诉顾客：如果他介绍别人来买车，成交之后，每辆车他会得到25美元的酬劳。

几天之后，吉拉德会寄给顾客感谢卡和一叠名片，以后至少每年他都会收到吉拉德的一封附有"猎犬计划"的信件，提醒他吉拉德的承诺仍然有效。如果吉拉德发现顾客是一位领导人物，其他人会听他的话，那么，吉拉德会更加努力促成交易并设法让其成为"猎犬"。

实施"猎犬计划"的关键是守信用——一定要付给顾客25美元。吉拉德的原则是：宁可错付50个人，也不要漏掉一个该付的人。

1976年，"猎犬计划"为吉拉德带来了150笔生意，约占总交易额的1/3。吉拉德付出了1400美元的"猎犬"费用，收获了7.5万美元的佣金。

Part 3

原一平：
给推销员的六个忠告

培养自身，做一个有魅力的人

认识自己，改正自身缺点，使自己不断完善，让自己做一个有魅力的人。原一平因此走上成功之路，这也是他给我们的第一个忠告。

一、"推销之神"原一平

1904年，原一平出生于日本长野县。从小，他就像个标准的小太保，叛逆顽劣的个性使他恶名昭彰而无法立足于家乡。23岁时，他离开长野来到东京。1930年，原一平进入明治保险公司成为一名"见习业务员"。

原一平刚刚涉足保险时，为了节省开支，他过的是苦行僧式的生活。为了省钱，他不吃午饭，不搭公共汽车，租小得不能再小的房间容身。当然，这一切并没有打垮原一平，他内心有一把"永不服输"的火，让他越挫越勇。

1936年，原一平的业绩成为全公司之冠，遥遥领先公司其他同事，并且夺取了全日本的第二名。36岁时，原一平成为美国百万圆桌协会成员，协助设立全日本寿险推销员协会，并担任会长至1967年。因对日本寿险的卓越贡献，原一平荣获日本政府最高殊荣奖，并且成为百万圆桌协会的终身会员。

原一平50年的推销生涯可以说是一连串的成功与挫折所组成的。他成功的背后，是用泪水和汗水写成的辛酸史。

二、认识自己

有一次，原一平去拜访一家名叫"村云别院"的寺庙。

原一平被带进庙内，与寺庙的住持吉田和尚相对而坐。

老和尚一言不发，很有耐心地听原一平把话说完。

然后，他以平静的语气说："听完你的介绍之后，丝毫引不起我投保的意愿。"

停顿了一下，他用慈祥的目光注视着原一平，很久很久。

他接着说："人与人之间，像这样相对而坐的时候，一定要具备一种强烈吸引对方的魅力，如果你做不到这点，将来就没什么前途可言了。"原一平刚开始并不明白话中的含义，后来逐渐体会出话中的意思，顿时傲气全失、冷汗直流。

吉田和尚又说："年轻人，先努力去改造自己吧！"

"改造自己？"

"是的，你知不知道自己是一个什么样的人？要改造自己首先必须认识自己。"

"认识自己？"

"只有赤裸裸地注视自己，毫无保留地彻底反省，最后才能认识自己。"

"请问我要怎么做呢？"

"就从你的投保户开始，你诚恳地去请教他们，请他们帮助你认识自己。我看你有慧根，倘若照我的话去做，他日必有所成。"

吉田和尚的一席话就像当头一棒，把原一平打醒了。

只有首先认识了自己才能去说服他人，要做就从改造自己开始做起，把自己改造成一个有魅力的人。

三、自己才是自己最大的敌人

一般推销员失败的最主要原因在于不能改造自己、认识自己。原一平听了吉田和尚的提点后，决定彻底地反省自己。

他举办了"原一平批评会"，每月一次，每次邀请五个客户，向他提出意见。

第一次批评会就使原一平原形毕露：

你的脾气太暴躁，常常沉不住气。

你经常粗心大意。

你太固执，常自以为是，这样容易失败，应该多听别人的意见。

你太容易答应别人的托付，因为"轻诺者必寡信"。

你的生活常识不够丰富，所以必须加强进修。

人们都表达了自己真实的想法。原一平记下别人的批评，随时都在改进、在蜕变。"原一平批评会"连续举办了六年。

原一平觉得最大的收获是：把暴烈的脾气与永不服输的好胜心理，引导到了一个正确的方向。

他开始发挥自己的长处，并开始改正自己的缺点。

原一平曾为自己矮小的身材懊恼不已，但身材矮小是无法改变的事实。后来想通了，克服矮小最好的方法就是坦然地面对它，让它自然地显现出来，后来，身材矮小反而变成他的特色。

原一平意识到最大的敌人正是他自己，所以，他不会与别人比，而是与自己比。今日的原一平胜过昨日的原一平了吗？明日的原一平能胜过今日的原一平吗？

要不断地努力，不断改正自身的缺点，不断完善自己，让自己做一个有魅力的人。

处处留心，客户无处不在

作为推销员，客户需要我们自己去开发，而找到自己的客户则是搞好开发的第一步，只要稍微留心，客户便无处不在。这是原一平给我们的第二个忠告。

一、做个有心的推销员

有一次，原一平下班后到一家百货公司买东西，他看中了一件商品，但觉得太贵，拿不定主意要还是不要。正在这时，旁边有人问售货员：

"这个多少钱？"问话人问的东西跟他想要的东西一模一样。

"这个要3万日元。"女售货员说。

"好的，我要了，麻烦你给我包起来。"那人爽快地说。原一平觉得这人好奇怪，一定是有钱人，出手如此阔绰。

于是他心生一计：何不跟着这位顾客，以便寻找机会为他服务？

他跟在那个人的后面，发现那个人走进了一幢办公大楼，大楼门卫对他甚为恭敬。原一平更坚定了信心，这个人一定是个有钱人。

于是，他去向门卫打听。

"你好，请问刚刚进去的那位先生是……"

"你是什么人？"门卫反问。

"是这样的，刚才在百货公司时我掉了东西，他好心地捡起来给我，却不肯告诉我大名，我想写封信感谢他。所以，请你告诉我他的姓名和公司详细地址。"

"哦，原来如此，他是某某公司的总经理……"

原一平就这样又得到了一位顾客。

生活中，顾客无处不在。如果你觉得客户少，那是因为你缺少一双发现客户的眼睛。随时留意、关注你身边的人，或许他们就是你要寻找的准客户。

二、生活中处处都有机会

有一天，原一平工作极不顺利，黄昏时依然一无所获，他像一只斗败的公鸡。在回家途中要经过一个坟场，坟场的入口处，原一平看到几位穿着丧服的人走出来。他突然心血来潮，想到坟场里去走走，看看有什么收获。

这时正是夕阳西下，原一平走到一座新坟前，墓碑前还燃着几炷香，插着几束鲜花。显然，就是刚才在门口遇到的那批人祭拜时用的。

原一平朝墓碑行礼致敬,然后很自然地望着墓碑上的字——××之墓。

一瞬间,他像发现新大陆似的,所有沮丧一扫而光,取而代之的是跃跃欲试的工作热忱。

他赶在天黑之前,往管理这片墓地的寺庙走去。

"请问有人在吗?"

"来啦,来啦!有何贵干?"

"有一座××的坟墓,你知道吗?"

"当然知道,他生前可是一位名人呀!"

"你说得对极了,在他生前,我们有来往,只是不知道他的家眷目前住在哪里呢?"

"你稍等一下,我帮你查。"

"谢谢你,麻烦你了。"

"有了,有了,就在这里。"

原一平记下了那一家的地址。

原一平又恢复了旺盛的斗志。第二天,他就踏上了开发新客户的征程。

原一平能及时把握生活中的细节,绝不会让客户溜走,这也是他成为"推销之神"的原因。

关心客户，重视每一个人

关心你的客户，重视你身边的每一个人，不要以貌取人，平等地对待你的客户，是成功推销员的须知。这是原一平给我们的第三个忠告。

一、不要歧视客户，切莫以貌取人

原一平说，永远不要歧视任何人。推销员推销的不仅是产品，还包括服务。你拒绝一个人就拒绝了一群人，你的客户群会变得越来越小。老练的销售人员已经用无数故事证明了这句箴言再正确不过了。

原一平在他的讲座中，提到过这样一个案例。

一天，房地产推销大师汤姆·霍普金斯正在房间里等待顾客上门时，杰尔从旁边经过，并进来跟他打声招呼。没有多久，一辆破旧的车子驶进了屋前的车道上，一对年老邋遢的夫妇走向前门。在汤姆热诚地对他们表示欢迎后，汤姆·霍普金斯的眼角余光瞥见了杰尔，他正摇着头，做出明显的表情对汤姆说："别在他们身上浪费时间。"

汤姆说:"对人不礼貌不是我的本性,我依旧热情地招待他们,以我对待其他潜在买主的热情态度对待他们。"已经认定他在浪费时间的杰尔则在恼怒之中离去。由于房子中别无他人,建筑商也已离开。

当汤姆带着两位老人参观时,他们以一种敬畏的神态看着这栋房屋内部气派典雅的格局。4米高的天花板令他们眩晕得喘不过气来,很明显,他们从未走进过这样豪华的宅邸,而汤姆也很高兴有这个权利,向这对满心赞赏的夫妇展示了这座房屋。

在看完第四间浴室之后,这位先生叹着气对他的妻子说:"想想看,一间有4个浴室的房子!"他接着转过身对汤姆说:"多年以来,我们一直梦想着拥有一栋有好多间浴室的房子。"

那位妻子注视着丈夫,眼眶中溢满了泪水,汤姆注意到她温柔地紧握着丈夫的手。

在他们参观过了这栋房子的每一个角落之后,回到了客厅,"我们夫妇俩是否可以私下谈一下?"那位先生礼貌地向汤姆询问道。

"当然。"汤姆说,然后走进了厨房,好让他们俩独处讨论一下。

5分钟之后,那位女士走向汤姆:"好了,你现在可以进来了。"

这时,一副苍白的笑容浮现在那位先生脸上,他把手伸进了外套口袋中,从里面取出了一个破损的纸袋。然后他在楼梯上坐下来,开始从纸袋里拿出一沓沓钞票,在梯级上堆出了一叠整齐的现钞。请记住:这件事是发生在那个只有现金交易的年代里!

"后来我才知道,这位先生在达拉斯一家一流的旅馆餐厅担任服务生领班，多年以来，他们省吃俭用，硬是将小费积攒下来。"汤姆说。

在他们离开后不久，杰尔先生回来了。汤姆向他展示了那张签好的合同，并交给他那个纸袋。他向里面瞧了一眼便昏倒了。

最后，原一平总结：不要对任何人先下判断，老练的推销员应该懂得这一点，不要以貌取人，在推销领域中，这点尤为重要。

杰出推销员对待非客户的态度总是和对待客户一样的。他们对每一个人都很有礼貌，他们将每个人都看成有影响力的人士，因为他们知道，订单常从出其不意的地方来。他们知道，10年前做的事情，可能变成现在的生意。

对杰出推销员而言，没有所谓的"小人物"。他们不会因为厨房上菜的速度不快而斥责侍者，不会因飞机误点或航班取消而痛斥前台人员，他们对每个人都待之以礼。杰出推销员对推着割草机割草的工人和制造割草机公司的总裁都持一样的尊敬及礼貌。

原一平的一个客户是电线电缆的推销员，他和一家客户公司高层主管关系很好。他每一次到该公司进行商业拜访时，遇到的第一个人就是该公司的前台小姐，她是一位很有条理和讲效率的年轻女性。她的工作之一就是使每一个约会都能准时进行，虽然她并不是买主，更不是决策者，但是这位推销员对她一直彬彬有礼。即使因故约会延迟，他也不会像一般推销员一样抱怨不休，只是耐心等待；也不会搬出他要去拜见的执行副总裁的名字来，以示重要。他总是对前台小姐道谢，感谢她的协助，离开时不忘和她道别。

18年后,这位前台小姐成为该公司的执行副总裁。在她的影响下,她的公司成为这位电线电缆公司推销员最大的客户。

二、重视每一个客户

在原一平最初外出推销的时候,就下定决心每年都要拜访一下他的每一位客户。因此,当原一平向他家乡大学的一名地质系学生推销价值10000日元的生命保险时,他便与原一平签订了终身服务合同。

其实,无论是大客户还是小客户,都应一视同仁。每一位客户都值得你去尽心地服务。在保险这一行里,你必须这样做。这也正是保险公司代理不同于其他行业代理的特点之一。但是,就销售产品这一点而言,各行业都一样。

这名地质系的学生毕业之后,进入地质行业工作,原一平又向他售出了价值10000日元的保险。后来,他又转到别的地方工作,他到哪里都是一样的。原一平每年至少跟他联系一次,即使他不再从原一平这里买保险,仍然是原一平毕生的一位客户。只要他还可能购买保险,原一平就必须不辞辛劳地为他提供服务。

有一次,他参加一个鸡尾酒会。有一位客人突然痉挛起来,而这个小伙子,由于学过一点护理常识,因而自告奋勇,救了这位客人一命。而这位客人恰恰是一位千万富翁,于是便请这位小伙子到他公司工作。

几年之后,这位千万富翁准备贷一大笔钱用于房地产投资。他问这位小伙子:"你认识一些与大保险公司有关系的人吗?我想贷点钱。"

这位小伙子一下子就想起了原一平,便打电话问他:"我知道你的保险生意很大,能否帮我老板一下。"

"有什么麻烦吗?"原一平问。

"他想贷2000万日元的款用于房地产投资,你能帮他吗?"

"可以。"

"顺便说一下,"他补充说,"我的老板不希望任何本地人知道他的这一行动,这也正是他中意你的原因,记住,保守秘密。"

"我懂,这是我工作的一贯原则。"原一平解释说。

在他们挂断电话之后,原一平给保险公司打了几个电话,安排其中一位与这位商人进行一次会面。不久以后,这人便邀请原一平去他的一艘游艇参观,那天下午,原一平向他卖出了价值2000万日元的保险。至此,这是当时原一平曾经做过的最大一笔生意。

注意要重视你的小客户,向他们提供与大客户平等的服务,一视同仁。

每位客户,无论是大是小,都是你的上帝,应享受相同的服务。

小客户慢慢发展,有朝一日也会成功,也会成为潜在的大客户。

小客户会向你介绍一些有钱人,从而带来大客户。

美国学识渊博的哲学家约翰·杜威说:"人类心中最深远的驱策力就是希望具有重要性。"每一个人来到世界上都有被重视、被关怀、被肯定的渴望,当你满足了他的要求后,他就会焕发出巨大的热情,并成为你的朋友。

定期沟通，建立紧密的客户关系

要想把潜在客户变成真正的客户，就要打消顾客的顾虑，而经常拜访客户、和客户保持联系是最好的方法，这是原一平给我们的第四个忠告。

一、与客户取得交流和沟通

原一平说过，商业活动最重要的是人与人之间的关系，如果没有交流和沟通，人家就不会认为你是个"诚实的、可信赖的人"，那么许多生意是无法做成的。

上门推销第一件事是要能进门。

门都不让你进，怎么能推销商品呢？要进门，就不能正面进攻，得使用技巧，转转弯。一般来说，被推销者心理上有一道"防卫屏障"，如果将你的目的直接说出来，你只会吃"闭门羹"。

要推销商品，进门以后就要进行"交流和沟通"，即进行对话。

交流和沟通能使顾客觉得你是一位"诚实的、可以信赖的人",这时,推销就水到渠成了。

原一平有一次去拜访一家酒店的老板。

"先生,您好!"

"你是谁呀?"

"我是明治保险公司的原一平,今天我刚到贵地,有几件事想请教您这位远近闻名的老板。"

"什么?远近闻名的老板?"

"是啊,根据我调查的结果,大家都说这个问题最好请教您。"

"哦!大家都在说我啊!真不敢当,到底什么问题呢?"

"实不相瞒,是……"

"站着谈不方便,请进来吧!"

……

就这样,原一平轻而易举地过了第一关,也取得了准客户的信任和好感。

赞美几乎"屡试不爽",没有人会因此而拒绝你的。

原一平认为,这种以赞美对方开始访谈的方法尤其适用于商店铺面。那么,究竟要请教什么问题呢?

一般可以请教商品的优劣、市场现况、制造方法等。

对于酒店老板而言,有人诚恳求教,大都会热心接待,会乐意告诉你他的生意经和成长史。而这些宝贵的经验,也正是推销员需要学习的。

既可以拉近彼此的关系，又可以提升自己，何乐而不为呢？

推销被拒绝对推销人员来说，就像家常便饭一样，问题在于你如何对待。推销成功的推销人员，把拒绝视为正常，极不在乎，心平气和，不管遭到怎样不客气的拒绝，都能保持彬彬有礼的姿态，感觉轻松。可事实上，许多推销人员都有一个通病，就是刚开始的时候一直往好处想，满怀热望。可事实南辕北辙，一遭拒绝，心理的打击就难以承受。因此推销前要仔细研究客户的拒绝方式，人家不买，你依然要推销，拒绝没什么。如果抱着观察研究的态度，一旦遭到拒绝，你就会想：嗯，还有这种拒绝方式？好吧，下次我就这么应对。这样，你就能坦然地面对拒绝，成功率会越来越高。没遭到拒绝的推销只能在梦中，只有那些渴望坐享其成的人，才能够编织出这样的美梦来。推销人员就是要善于应付拒绝，全心全意去应对拒绝才是长久不败的生财之道。干任何事都不会没有困难，生活就是这样，在你得到教益之前，总要给你一些考验。

对于新推销人员来说，就是要咬紧牙关，忍受奚落、言语不合拍、不理睬、对方盛气凌人等痛苦，要学会忍受，把它当作磨炼自己意志的机会。原一平的成功之路也是这样走出来的。

二、再访客户的技巧

推销员必须以不同的方式接近不同类型的顾客。也就是说，推销员在决定接近顾客之前，必须充分考虑顾客的特定性质，依据事前所获得的信息评估各种方法的适用性，避免千篇一律地使用一种或几种方法。

顾客是千差万别的，每一个顾客都有其特定的购买方式、购买动机和人格特征。因而，他们对不同的接近方式会有不同的感受。在某一顾客看来，有些方法是可以接受的，而对另一顾客，这些方法可能是难以接受的；同样，对某一顾客非常有效的接近方法，对另一顾客则可能毫无效果。即使是对同一顾客，也不能总是使用同一种方法。

再访时，推销员必须尽快减轻顾客的心理压力。在接近的过程中，有一种独特的心理现象，即当推销员接近时，顾客会产生一种无形的压力，似乎一旦接近推销员就承担了购买的义务。正是由于这种压力，使一般顾客害怕接近推销员，冷淡或拒绝推销员的接近。这种心理压力实际上是推销员与顾客的接近阻力。

原一平通过分别与推销员和顾客进行交谈发现，在绝大多数情况下，顾客方面存在一种明显的压力。换句话说，购买者感到推销员总是企图推销什么东西，于是购买者本能地设置一些障碍，下意识干扰或破坏交谈过程的顺利进行。只要能够减轻或消除顾客的心理压力，就可以减少接近的困难，促进面谈的顺利进行。具体的减压方法很多，推销员应该加以灵活运用。

再访顾客时，还可以利用信函资料。许多推销人员将有关产品的宣传资料或广告信函留给客户就万事大吉了，而忽视了更为重要的下一步，即"跟进推销"，因此往往如同大海捞针，收效甚微。许多客户在收到推销人员的信函资料之后，可能把它冷落一旁，或者干脆扔进废纸堆里。这时，如果推销人员及时拜访客户，就可以起到应有的推销作用。比如，有这样一个推销人员："您好！上星期我给了您一份××电冰箱的广告宣传资料，您看了以后，对这一产品有什么意见？"一般来说，对方听到推销人员的这样问话，或多或少会有一番自己的建议与看法。若客户有意购买，自然会有所表露，推销目标也告实现。

推销员还可以利用名片再访客户，原一平也经常采用这种办法。

可以作为下次拜访的借口，初访时不留名片。一般的推销人员总是流于形式，在见面时马上递出名片给客户，这是比较正统的销售方式，偶尔也可以试试反其道而行的方法，不给名片，反而有令人意想不到的结果。

推销员还可以故意忘记向客户索取名片，因为客户通常不想把名片给不认识的推销人员，尤其是新来的推销员，所以客户会借名片已经用完了或是还没有印好为理由而不给名片。此时不需强求，反而可以顺水推舟故意忘记这档事，并将客户这种排斥现象当作客户给你一次再访的理由。

原一平说，印制两种以上不同式样或是不同职称的名片也是一种好方法。如果有不同的名片，就可以借由更换名片或升职再度登门造访。但是要特别注意的是，避免拿同一种名片给客户以免穿帮，最好在管理客户资料中注明使用过哪一种名片，或是利用拜访的日期来分辨。

另外，推销员必须善于控制接近时间，不失时机地转入正式面谈。如前所述，接近只是整个推销过程的一个环节。接近的目的不仅在于引起顾客的注意和兴趣，更重要的是要转入进一步的推销面谈。因此，在接近过程中，推销员一方面要设法引起和保持顾客的注意力，诱发顾客的兴趣；另一方面要看准时机，及时转入正式面谈。为了提高推销效率，推销员必须控制接近时间。

沟通时必须注重良性沟通。现代推销学研究表明，推销员的认识和情感有时并不完全一致。因此，在推销中有些话虽然完全正确，但对方往往因为碍于情感而觉得难以接受，这时，直言不讳的话就不能取得较好的效果。但如果你把话语磨去"棱角"，变得软化一些，也许客户就能既从理智上又在情感上愉快地接受你的意见，这就是委婉的妙用。

总之，在与客户交往时要注重沟通。运用恰当的方法、技巧就能达到很好的效果。原一平的成功也正是践行这些技巧的结果。

主动出击，打开客户的大门

主动出击，把握主动权。记住，好的开始是成功的一半，这是原一平智慧的结晶，同时也是原一平给我们的第五个忠告。

一、找到共同话题，掌握主动权

原一平非常擅长找共同话题，他认为推销通常是以商谈的方式进行，对话之中如果没有趣味性、共通性是不行的，而且通常是由推销员引出话题。倘若客户对推销员的话题没有一点儿兴趣，彼此的对话就会变得索然无味。

推销员为了和客户培养良好的人际关系，最好能尽早找出双方共同的话题。所以，推销员在拜访客户之前要先收集有关情报信息，尤其是在第一次拜访时，准备工作一定要充分。

询问是绝对少不了的，推销员在不断的发问当中，很快就可以发现客户的兴趣。例如，看到阳台上有很多盆栽，推销员可以问："你对盆栽很感兴趣吧？今日花市正在开郁金香花展，不知道你去看过了没有？"

看到的高尔夫球具、溜冰鞋、钓竿、围棋或象棋，都可以拿来作为话题。对异性、流行时尚等话题也要多多少少知道一些，总之最好是无所不通。

打过招呼之后，谈谈客户深感兴趣的话题，可以使气氛缓和一些，接着再进入主题，效果往往比一开始就立刻进入主题好得多。

原一平为了应付不同的准客户，每星期六下午都到图书馆苦读。他研修的范围极广，从时事、文学、经济，到家庭电器、烟斗制造、木屐修理，几乎无所不包。

由于原一平涉猎的范围太广，所以不论如何努力，总是博而不精，永远赶不上任何一方面的专家。

既然永远赶不上专家，因此他谈话总是适可而止。就像要给病人动手术的外科医师一样，手术之前先为病人打麻醉针，而谈话只要能麻醉一下客户就行了。

在与准客户谈话时，原一平的话题就像旋转的转盘一般，转个不停，直到准客户对该话题产生兴趣为止。

原一平曾与一位对股票很有兴趣的准客户谈到股市的近况。出乎意料，他反应冷淡，莫非他又把股票卖掉了吗？原一平接着谈到未来的热门股，他眼睛发亮了。原来他卖掉股票，添购了新屋。结果他对房地产的近况谈得起劲，后来原一平知道：他正待机而动，准备在恰当的时机卖掉房子，买进未来的热门股。

这一场交谈，前后才 9 分钟。如果把他们的谈话录下来重播的话，交谈一定都是片片断断、有头无尾。原一平就是用这种不断更换话题的"轮盘话术"，寻找出准客户的兴趣所在。

等到原一平发现准客户趣味盎然、双眼发亮时，就借故告辞了。

"哎呀！我忘了一件事，真抱歉，我改天再来。"

原一平突然离去，准客户通常会以一脸的诧异表示他的意犹未尽。

而他呢？既然已搔到准客户的痒处，也就为下次的访问铺好了路。

要想使客户购买你推销的商品，首先要了解其兴趣和关心的问题，并将这些作为双方的共同话题。

除了找到共同话题外，推销员还要善于观察，找到客户的心结，打开了客户的心结，你的推销就离成功很近了。

连续几个月，原一平一直想向一个著名教授的儿子卖教育保险。根据以往的经验，这种保单应该是很好做的，教授和教授夫人应该都是极重视教育的人。可这回不管原一平如何说服，他们对保险仍兴致不高。

某天又去，只有教授夫人一个人在家，原一平就又跟她说起教育保险，她仍然没什么兴趣。

原一平放眼在屋子里寻找，一眼看见了立柜上的照片，就挺有兴趣地走了过去，一张一张看起来。

"噢，这位是……"

"是我父亲，他可是位了不起的医生。"

"医生这一行可真了不起，救死扶伤。"

"是啊。我一直很崇拜的，可惜我丈夫是个文学教授……"

说到这儿，原一平已经知道如何说服这位夫人了，他就又把话题扯开，聊起了教育保险。当谈话无法进行之时，原一平就不无遗憾地对她说："太太，我今天来这里以为会碰上一位真正关心子女的家长，看来我是错了，真遗憾！"

好强的教授夫人对这一"诱饵"迅速地做出反应，说："天下的父母哪有不希望儿女成材的。哎，我那个儿子，一点也不像他父亲，头脑不灵光。他父亲也说，这孩子不聪明，无法当学者。"

原一平惊讶地说："父母是父母，孩子是孩子，你们随随便便地认定孩子的将来是不对的，父母不能只凭自己的感觉就为孩子定位。"然后诚恳地说，"您和您丈夫是想让孩子读文科吧？"

"可不，他父亲一直想让孩子在文学上有所成就，可这孩子对文学没什么兴趣，倒是对理工科挺感兴趣。这孩子挺喜欢待在外公的诊所里，而且他的理工科成绩不错。"

"这样的话，你们应该让孩子来自己选择自己的专业。"原一平由衷地说，教授夫人也接受了原一平的观点，并开始计算起孩子的成绩，为其做归纳分析，一时显得挺高兴的。

之后，原一平就不断提供意见给教授夫人：如果上医学院，要很多钱……

其实教授夫人一直期盼儿子能青出于蓝而胜于蓝，希望孩子能够上医学院，以证明他的能力不输给外公。原一平看出了这一点，一下子按动了她的心动钮，不断扩大一个母亲的梦想，于是她当场买下原一平推荐的"5年期教育保险"。

二、随机应变，抓住潜在客户

久负盛名的美国宝洁公司以生产日常洗涤与清洁用品为主业，不过由于该公司在世界各地的分支机构的发展进程各不相同，也由于世界各国之间巨大的文化差异，它在全球许多地区经历了一些意想不到的失败和成功。

首先是在日本，起初宝洁公司将其在美国旺销的纸尿裤投放到日本，在各大医院的产房留下了免费试用的样品，还派人到居民区巡视，一看到哪家居民阳台上晾晒着婴儿尿布，便免费送上纸尿裤样品。

一开始，此举还真灵验：其纸尿裤的市场占有率一下子从2%上升到10%，但其间的隐患没有被察觉，那就是日本人如果购买纸尿裤，每个婴儿每月需花费50美元。

为什么呢？因为在养育婴儿的习惯方法上，两国存在较大的差异：美国的母亲平均每天只给婴儿换6次尿布，而日本的母亲则平均每天要给婴儿换14次尿布，难怪日本人要花这么多钱。此时一家日本本地的公司乘虚而入，生产出一种轻薄型的纸尿裤，不仅价格便宜，而且其使用和储存都更加方便。由于母亲们更愿意购买这种名为"月牙"的纸尿裤，因而很快便把美国的此类产品挤出了日本市场。

然而，宝洁公司在波兰因为深谙当地居民的心理而取得了意想不到的成功。

波兰本国洗涤产品的特点是质量低劣，并有许多假冒的外国品牌，居民想买外国公司的产品，但又怕买到"假洋鬼子"，宝洁公司便给自己产品的包装贴上一些错误百出的波兰文写成的标签，这些波兰文不是拼写有错误，就是语法乱七八糟。波兰人看到这些洋相百出的商品标签，马上意识到这是真正的外国公司的产品，它们只是还没来得及学会用正确的波兰文字来表达而已。一时间，这些贴有错误百出的标签的商品卖得十分红火。

了解所在市场的风俗，尊重当地风俗，才能有效地抓住主动权。

虽然你希望掌握推销主动权，但是绝不能表现得太明显，以致让客户感到不舒服，甚至反感、厌恶。懂得了这一点，你时不时说声"不"也就不是什么坏事。事实上，当你说："对不起，我没有那种款式。"同样能赢得几分，因为客户会认为你直率。要是客户提出一种你没有想到的选择，绝不要责怪和贬低他的意见，如果你这样做了，客户就会以为你在侮辱他、批评他的判断力和品位。

只要"不"说得恰当，客户常常会宽容地说："没关系，没有也无所谓。"但是要是你和他们发生争执的话，他们就会失控，本来小事一桩，却可能弄得彼此很不愉快。

高明的谈判人员都深知这条教训，他们常常会假装被对方"俘虏"，然后做出一副吃亏让步的样子。在推销中同样有这个问题。你要让客户感到他们好像赢了几分,这样他们会感觉状态良好,心情放松。相反,要是你老想压着对方,每次都只说"是"的话,他们就会想方设法胜过你。让他们说几句得意的话不仅无碍于大局,而且能够使你取得更多的信任票。所以,只要你在恰当的时候说"不",你就更有可能在成交之际让客户说"是"。

在未能吸引准客户的注意之前,推销员都是被动的。这时候,说破了嘴,还是对牛弹琴。所以,应该设法刺激一下准客户,以吸引对方的注意,取得谈话的主动权之后再进行下一个步骤。

使用"鞭子"固然可使对方较易产生反应,然而对推销员而言,这是冒险性相当高的推销方法,除非你有十成的把握,否则不要轻易使用它,因为运用"鞭子",稍有一点闪失就会弄巧成拙,伤害对方的自尊心,导致全盘皆输。

还有,一定要与"笑"密切配合,否则就收不了尾。当对方越冷淡时,你就越以明朗、动人的笑声对待他,这样一来,你在气势上就会居于优势,容易击倒对方。此外,"笑"是具有传染性的,你的笑声往往会感染到对方跟着笑,最后两个人笑成了一团。只要两个人能笑成一团,隔阂自然会消除,那么,什么事情都好谈了。

有一天,原一平拜访一位准客户。

"您好,我是明治保险公司的原一平。"

对方端详着名片,过了一会儿,才慢慢地抬起头说:

"几天前曾来过某保险公司的一个业务员,他还没讲完,我就打发他走了。我是不会投保的,为了不浪费你的时间,我看你还是找其他人吧。"

"真谢谢您的关心，您听完后，如果不满意的话，我当场切腹。无论如何，请您拨点时间给我吧！"

原一平一脸正气地说。

对方听了忍不住哈哈大笑起来，说：

"你真的要切腹吗？"

"不错，就这样一刀刺下去……"

原一平边回答，边用手比画着。

"你等着瞧，我非要你切腹不可。"

"来啊，我也害怕切腹，看来我非要用心介绍不可啦。"

讲到这里，原一平的表情突然由"正经"变为"鬼脸"，于是，准客户和原一平一起大笑起来。

最后，他们顺理成章地达成了交易。

赢得客户，好好对待"上帝"

掌握一些技巧赢得客户，然后好好对待"上帝"，这是原一平开展推销工作的一个基本原则，这是原一平给我们的第六个忠告。

一、打破顾客的心墙，接近客户

原一平告诉我们，只有先把隐藏在客户内心的砖块拿掉，他才会安心地与你商谈。以商业化的方式商谈，则彼此只建立在纯物质的关系上，将不利于推销的进行与完成。

原一平列举了以下几种推销过程中不宜的方式：在打破心墙的说话方式上，不能以激烈的语气说话；不能假意讨好；不能自吹自擂，只顾自己的表现而忽视双向的沟通及客户的心理意识；不能冗长地谈话，不能打断话题；不能挖苦客户；不能立即反驳客户的意见，而是要注意人性心理的反应、客户能接受的态度及情况……

可以提出对其有利害关系的问题，以激起其兴趣与好奇，用轻松的方式营造气氛。在打破心墙建立良好气氛时，要注意寒暄的方法。商谈是始于心灵接触，终于心灵的沟通与了解的。唯有客户内心受到打动，才容易成交。

推销商谈或谈判并非单向，一味地谈自己这一方面的情况，在推销过程中也不要只设定自己是推销员在贩售有实体的商品，更不要让客户认定你只是推销员，只是在卖一种商品给他，这样客户心中会有防线、有压力，认为你只是在赚他的钱，而不是来告诉他如何获取利益。

一开始要先培养正面有交情的气氛，推销的味道不宜太浓，先把自己推销出去，再配合、强调整体行销的包装和促销的重点，才容易使客户有正面深刻的好印象，并产生购买的情绪和气氛。

推销工作的顺利，其前提是有创意、有人情。在打破心墙方面，可使用小礼物、纪念品配合自己的表演，同时也要格外重视客户的反应，对其所表达的情况也要认真地记录或主动询问，了解其内心真正的想法、观念，并不时地赞美，注意倾听，不打断其意见的表达，以其感兴趣、有嗜好的话题为主，展开彼此的感情沟通。

原一平曾经制订计划，准备向一家汽车公司开展企业保险推销。所谓企业保险，就是公司为其职工缴纳预备退休金及意外事故等的保险。可是，听说那家公司一直以不缴纳企业保险为原则，所以在当时，不论哪个保险公司的推销员发动攻势都无济于事。原一平决定集中攻一个目标，于是，他选择了总务部长作为对象进行拜访。

谁知，那位总务部长总也不肯与他会面，他去了好几次，对方都以抽不开身为托词，根本不露面。

两个月后的某一天，对方终于动了恻隐之心，同意见他。走进接待室后，原一平竭力向总务部长说明加入人寿保险的好处，紧接着又拿出早已准备好的资料——销售方案，满腔热情地进行说明，可总务部长刚听了一半就说："这种方案，不行！不行！"然后站起身就走开了。

原一平在对这一方案进行反复推敲、认真修改之后，第二天上午又去拜见总务部长，对方再次以冰冷的语调说："这样的方案，无论你制订多少带来也没用，因为本公司有不缴纳保险金的原则。"

在遭到拒绝的一刹那，原一平呆住了。总务部长昨天说那个方案不行，自己才熬了一夜重新制订方案，总务部长却又说什么无论拿出多少方案也白搭……

原一平几乎被这莫大的污辱打垮了。但忽然间，他的脑海里闪出一个念头，那就是"等着瞧吧，看我如何成为世界第一推销员"的意志以及"我是代表明治保险公司搞推销"的自豪感。

"现在与我谈话的对手，虽然是总务部长，但实际上这位总务部长也代表着这家公司。因此，实际上的谈判对手，是其公司的整体。同样，我也代表着整个明治保险公司，我是代替明治保险公司的经理到这里来搞推销的。我不由得这样想到，而且我坚信：'自己要推销的生命保险，肯定对这家公司有益无害。'

"于是，我的心情渐渐平静下来。说了声'那么，再见！'就告辞了。"从此，原一平开始了长期、艰苦的推销访问，前后大约跑了300次，持续了3年之久。从原一平的家到那家公司来回一趟需要6

小时，一天又一天，他抱着厚厚的资料，怀着"今天肯定成功"的信念，不停地奔跑。就这样过了3年，终于成功地完成了盼望已久的推销。

原一平遭拒绝的经历实在是太多了。有一次，由一个老朋友的介绍，他去拜见另一家公司的总务科长，谈到生命保险问题时，对方说："在我们公司有许多干部反对买保险，所以我们决定，无论谁来推销都一律回绝。"

"能否将其中的原因对我讲讲？"

"这倒没关系。"于是，对方就将其中原因做了详细的说明。

"您说得的确有道理，不过，我想针对这些问题写篇论文，并请您过目。请您给我两周的时间。"

临走时，原一平问道："如果您看了我的文章感到满意的话，能否予以采纳呢？"

"当然喽，我一定向公司建议。"

原一平连忙回公司向老手们请教，又接连几天奔波于商工会议所调查部、上野图书馆、日比谷图书馆之间，查阅了过去3年间的有关经济刊物，终于写了一篇蛮有把握的论文，并附有调查图表。

两周以后，他再去拜见那位总务科长。总务科长对他的文章非常满意，把它推荐给总务部长和经营管理部长，进而使推销获得了成功。

原一平深有感触地说："推销就是初次遭到客户拒绝之后的坚持不懈。也许你会像我那样，连续几十次、几百次地遭到拒绝。然而，就在这几十次、几百次的拒绝之后，总有一次，客户将同意采纳你的计划。"为了这仅有的一次机会，推销员在做着殊死的努力。

原一平成为世界级推销大师绝不是偶然的，从他的事迹中我们可以感受到他的那份执着。

打破顾客的心墙以后，要充分调动客户的兴趣，只有客户对你和你的产品感兴趣，才能可能促成交易。调起对方的兴趣，是销售的先机。

二、从顾客喜好出发

原一平准备去拜访一家企业的老板，由于各种原因，他用了各式各样的方法，都无法见到他要拜访的人。

有一天，原一平终于找到灵感，他看到附近杂货店的伙计从老板公馆的另一道门走了出来，原一平灵机一动，立刻朝那个伙计走去。"小二哥，你好！前几天，我跟你的老板聊得好开心，今天我有事请教你。"

"请问你老板公馆的衣服都由哪一家洗衣店洗呢？"

"从我们杂货店门前走过去，有一个上坡路段，走过上坡路，左边那一家洗衣店就是了。"

"谢谢你，另外，你知道洗衣店几天会来收一次衣服吗？"

"这个我不太清楚，三四天吧。"

"非常感谢你，祝你好运。"

原一平顺利从洗衣店店主口中得到老板西装的布料、颜色、式样的资料。西装店的店主对他说："原先生,你实在太有眼光了,你知道企业名人××老板吗?他是我们的老主顾,你所选的西装,花色与式样与他的一模一样。"

原一平假装很惊讶地说："有这回事吗?真是凑巧。"

店主主动提到企业老板的名字,说到老板的西装、领带、皮鞋,还进一步谈到他的谈吐与嗜好。有一天,机会终于来了,原一平穿上那一套西装并打上一条搭配的领带,从容地站在老板前面。

如原一平所料,他大吃一惊,一脸惊讶,接着恍然大悟,大笑起来。后来,这位老板成了原一平的客户。

原一平告诉我们,接近准客户最好的方法就是投其所好。培养与准客户一样的爱好或兴趣。当准客户注意你时,就会有进一步想了解你的欲望。

推销员看到一个小孩蹦蹦跳跳、东摸西抓、片刻不停,也许会心中生厌。但一名推销高手对他母亲说："这孩子真是活泼可爱!"

孩子是父母心中的"小太阳",看到孩子,不论长什么样、可爱与否,推销员应该说的是:"喔!好可爱的孩子!几岁了……"这样一定能打开对方的话匣子,把小宝宝可爱聪明的故事说上一大堆。这种和谐的气氛自然能"融化"她的借口,顺利推销你的商品。

小孩、宠物、花卉、书画、嗜好等都可缩短双方的距离,顾客的喜好是多种多样的,推销员要广泛搜集,并进行研究,掌握其要点,以便对话时有共同语言。了解顾客的喜好对推销的成功具有推波助澜的作用，推销员必须善于利用。

优秀的推销员其实也是个讲故事的高手，因为在推销的语言技巧中要运用讲故事的地方实在太多了。小故事在推销的语言技巧、反对客户拒绝的语言技巧中使用的比例高得惊人。使用小故事、成语或寓言也有几个简单的要领，内容精彩固然重要，但要客户听得入神可就要看推销员的本领了。

推销员使用的小故事内容一要让客户略感"恐惧"，二要让客户觉得幽默。前者可以让客户产生"不买的话会有何后果"的恐惧，后者则让客户产生"买了的话将可享受某种乐趣"的想法。

在推销员与客户接近阶段，使用小故事时应以具有幽默效果比较适宜，在拒绝处理阶段则视客户拒绝的态度来决定，至于促成阶段则较适合使用具有恐惧效果的小故事。

讲小故事时最好是突然使用。这是推销员使用小故事的诀窍，就是说，不需要做预告，单刀直入地讲就可以了。因为当客户一听到"有个故事是这样的……"往往会认为那只是个故事，和自己没有关系。

讲小故事还要会随时插入。使用小故事不见得非得在客户提出拒绝后，其使用的主要目的是提高客户的购买意愿，所以在任何一个阶段随时都可以讲上一段故事。客户拒绝时一定要有相应的故事做缓冲，因此，平时应多准备一些小故事。

Part 4

弗兰克·贝特格：
经验凝成的无敌推销术

听到"不"时要振作

贝特格说:"成功不是用你一生所取得的地位来衡量的,而是用你克服的障碍来衡量的。"任何一次推销,推销员都要做好被拒绝的心理准备,面对拒绝要坚持不懈,把坚韧不拔当成一种习惯。

一、做好被拒绝的准备

推销员可以说是与"拒绝"打交道的人,战胜拒绝的人,才称得上是推销高手。在战场上,有两种人是必败无疑的:一种是幼稚的乐观主义者,他们满怀豪情,奔赴战场,硬冲蛮打,全然不知敌人的强大,结果不是深陷敌人的圈套,便是惨遭敌人的毒手;另一种是胆小怕死的懦夫,一听到枪炮声便捂起耳朵,一看见敌人就闭上眼睛,东躲西藏、畏缩不前,甚至后退,一旦被敌人发现也是死路一条。这是战场上的原则和规律,也同样适用于商场和商战。

一个朋友告诉贝特格说,纽约一个制造商正寻找合适的保险公司,想为自己买一份保额为 25 万美元的财产保险。听到这个消息,贝特格立即请这位朋友帮他安排一次会面。

两天后，会面的时间已经安排好，次日上午 10 点 45 分。贝特格为第二天的会面积极地准备。

第二天早晨，他踏上了前往纽约的火车。

为给自己多一些压力，他一下火车就给纽约最大的一家体检中心打了一个电话，预约好了体检时间。

贝特格很顺利地走进总裁的办公室。

"你好，贝特格先生，请坐。"他说，"贝特格先生，真不好意思，我想你这一次又白跑一趟了。"

"为什么这么说呢？"听到这儿，贝特格有些意外，但并不感到沮丧。

"我已经把我想投保财产保险的计划给了一些保险公司，它们都是纽约比较大而且很有名气的公司，其中三个保险公司是我朋友开的，并且有一个公司的老总是我最好的朋友，我们经常会在周末一起打高尔夫球，他们的公司无论规模还是形象都是一流的。"博恩先生指着他面前办公桌上的一摞文件说。

"没错，这几家公司的确很优秀，像这样的公司在世界上都是不多见的。"贝特格说。

"情况大致就是如此，贝特格先生。我今年 46 岁，假如你仍要坚持向我提供人寿保险的方案，你可以按我的年龄，做一个 25 万美元的方案并把它寄给我，我想我会和那些已有的方案做一个比较。如果你的方案能让我满意，而且价格又低的话，那么就是你了。不过我想,你这样做很可能是在浪费我的时间,同时也是在浪费你的时间。希望你慎重考虑。"博恩先生说。

一般情况下,推销员听到这些会就此放弃,贝特格却没有。他说:"博恩先生,如果您相信我,那么我就对您说真话。"

"我是做保险这一行的,如果您是我的亲兄弟,我会让您赶快把那些所谓的方案扔进废纸篓里去。"贝特格冷静而坚守地说道。

"只有真正的保险统计员才能明白无误地了解那些投保方案,而一个合格的保险统计员要学习7年左右的时间,假如您现在选择的保险公司价格低廉,那么,5年后,价格最高的公司就可能是它,这是历史发展的规律,也是经济发展的必然趋势。没错,这些公司都是世界上最好的保险公司,可您现在还没有做出决定,博恩先生,如果您能给我一次机会,我将帮助您在这些最好的公司里做出满意的选择。我可以问您一些问题吗?"

"你将了解到你所想知道的所有信息。"

"在您的事业蒸蒸日上的时候,您可以信任那些公司,可假如有一天您离开了这个世界,您的公司就不一定像您这样信任它们,难道不是吗?"

"对,可能性还是有的。"

"那么我是不是可以这样想,当您申请的这个保险生效时,您的生命财产安全也就转移到了保险公司一方?可以想象一下,如果有一天,您半夜醒来,突然想到您的保险昨天就到期了,那么,您第二天早晨的第一件事,是不是会立即打电话给您的保险经纪人,要求继续交纳保险费？"

"当然了！"

"可是，您只打算购买财产保险而没有购买人寿保险，难道您不觉得人的生命是第一位的，应该把它的风险降到最低吗？"

博恩先生说："这个我还没有认真考虑过，但是我想我会很快考虑的。"

"如果您没有购买这样的人寿保险，我觉得您的经济损失是无可估量的，同时也影响了您的很多生意。"

"今天早上我已和纽约著名的卡克雷勒医生约好了，他所做的体检结果是所有保险公司都认可的。只有他的检验结果才能适用于25万美元的保险单。"

"其他保险代理不能做这些吗？"

"当然，但我想今天早晨他们是不可以了。博恩先生，您应该很清楚地认识到这次体检的重要性，虽然其他保险代理也可以做，但那样会耽搁您很多时间。您想一下，当医院知道检查的结果要冒25万美元的风险时，它们就会做第二次具有权威性的检查，这意味着时间在一天天拖延，您干吗要这样拖延一周，哪怕是一天呢？"

"我想我还是再考虑一下吧！"博恩先生开始犹豫了。

贝特格继续说道："博恩先生，假如您明天觉得身体不舒服，比如说喉咙痛或者感冒的话，那么，就得休息至少一个星期，等到完全康复再去检查，保险公司就会因为您的这个小小的病史而附加一个条件，即观察三四个月，以便证明您的病症是急性还是慢性，这样一来您还得等下去，直到进行最后的检查，博恩先生，您说我的话有道理吗？"

"博恩先生，现在是 11 点 10 分，如果我们现在出发去检查身体，您和卡克雷勒先生 12 点 30 分的约会还不至于耽误。您今天的状态非常不错，如果体检也没什么问题，您所购买的保险将在 48 小时后生效。我相信您现在的感觉一定很好。"

就这样，贝特格做成了这笔生意，他又发掘了一个大客户。

被拒绝是很正常的事，一次、两次、三次……但是 30 次以上还有耐心拜访的人恐怕没有几个，对顾客的拒绝做好心理准备，把被拒绝的客户都当作没有拜访过的客户，订单自然源源不断。

愚勇和怯懦都将导致失败。怎样才能在推销中获胜呢？孙子曰："知己知彼，百战不殆。"所谓知己，对推销员来说便是知道商品的优劣特点及自己的体力、智力、口才等，并在推销中加以适当发挥。所谓知彼，就是要了解顾客的需要和困难是什么，掌握了这些推销规律和技巧才不怕被顾客拒绝。

有些推销新手缺少被顾客拒绝的经验教训，盲目地认为："我的产品物美价廉，推销一定会一帆风顺。""这家不会让我吃闭门羹！"净往顺利的方面想，根本没有接受拒绝的心理准备，这样推销时一旦交锋，便会被顾客的"拒绝"打个措手不及、仓皇而逃。

推销员必须具备顽强的奋斗精神，不能因顾客的拒绝一蹶不振、垂头丧气，而应该有被拒绝的心理准备，心理上要能做到坦然接受拒绝，并视每一次拒绝为一个新的开始，最后推销成功。

贝特格说，推销员与其逃避拒绝，不如抱着被拒绝的心理准备去争取一下。推销前好好研究应对策略，如，顾客可能怎样拒绝、为什么要拒绝、如何对付拒绝等问题，那么你就能反败为胜，获得成功。

二、顺着拒绝者的观点开始推销

一个五六岁的孩子因为父母吵架，撑着一把雨伞蹲在墙角，父母又求又哄，但孩子不理不睬。两天过去了，孩子的体力极度衰竭，最后，他们请来著名的心理治疗大师狄克森。狄克森也要了一把雨伞在孩子的跟前蹲下了，他面对孩子，注视着孩子的双眼，向孩子投去关切的目光。终于，孩子从恍惚中震了一下，像沉睡中被闪电惊醒的人，狄克森继续与孩子对视。

孩子突然问："你是什么？"

狄克森反问："你是什么？"

孩子："我是蘑菇。蘑菇好，刮风下雨听不到。"

狄克森："是的，蘑菇好，蘑菇听不到爸爸、妈妈的吵闹声。"这时，孩子流泪了。

狄克森："做蘑菇好是好，但是蹲久了又饿又累，我要吃巧克力。"他掏出块巧克力，送到孩子鼻子前让他闻一闻，然后放进自己嘴里大嚼起来。

孩子："我也要吃巧克力。"狄克森给了孩子一块巧克力，孩子吃了一半。

狄克森:"吃了巧克力太渴,我要去喝水。"说着,他丢掉雨伞,站了起来,孩子也跟着站起来。

这是一个从学步入手取得信任,然后起步治疗心理障碍的经典案例。其实,克服推销障碍与克服心理障碍的原理是一样的。

每个推销员都会遇到推销被质疑的困扰。

有位做了4年保险推销顾问的人经常面对"保险是欺骗,你是骗子"的责难,他怎么办呢?他难道与客户辩论吗?显然不行,他说:"您认为我是骗子吗?"

对方答:"是啊。你难道不是骗子吗?"

他说:"我也经常疑惑,尤其在像您这样的人指责我的时候,我有时真不想干保险了,可就是一直下不了决心。"

对方说:"不想干就别干,怎么还下不了决心呢?"

他说:"因为我在4年时间里已经同500多个投保户结成了好朋友,他们一听说我不想继续干下去了,都不同意,要我为他们提供续保服务。尤其是13位理赔的客户,听说我动摇了,都打电话不让我走。"

对方惊讶地问:"还有这事?你们真的给投保户赔偿?"

他说:"是的,这是我经手的第一桩理赔案……"就这样,他一次又一次战胜了对保险推销的偏见和拒绝,当场改变了对立者的观点,做成了一笔又一笔的业务。

要想推销成功,面对顾客拒绝时首先要接受顾客的观点,然后从顾客的观点出发与顾客沟通，最后沿着共同认可的方向努力，以促成成交。

想成为一名成功的推销人员，你就得学会如何应对客户的拒绝。但这并不保证你学会以后就能一帆风顺，有时碰到难缠的客户，你也只好放弃。总而言之，不妨把挫折当成磨炼自己的机会，从中学习克服拒绝的技巧，找到被拒绝的症结所在，你就能应对自如了。

三、如何避免被拒绝

顾客回绝的理由是你必须克服的障碍。在各类交谈中，都会遇到对方的回绝。只要有可能，就要设法将对方的回绝变成对你有利的因素。但是一定要摸准对方的心理。贝特格教你战胜别人拒绝的方法。

步骤1：重复对方回绝的话。

这样做具有双重意义。首先，可以有时间考虑；其次，让顾客自己听到他回绝你的话，而且是在完全脱离顾客自己的态度及所讲的话的上下文的情况下听到的。

步骤2：设法排除其他回绝的理由。

用一种干脆的提问方式十分有效。"您只有这一个顾虑吗？"或是用一种较为含蓄的方式："恐怕我还没完全听明白您的话，您能再详细解释一下吗？"

步骤 3：就对方提出的回绝理由尝试说服对方。
完成这项工作有多种方式。

回敬法：将顾客回绝的理由作为你对产品宣传的着眼点，以此为基础提出你的新观点。

如果客户说："我不太喜欢这种后开门的车型。"

你可以说："根据全国的统计数字来看，这种车今年最为畅销。"

这样，你不仅反驳了对方的理由，而且给对方吃了定心丸。

同有竞争力的产品进行比较：将产品的优点与其他有竞争力的产品进行比较，用实例说明自己的产品优于其他同类产品。

还有一种是**紧逼法**：说明对方回绝的理由是不成立的，以获取对方肯定的回答。

顾客："这种壶的颜色似乎不太好，我喜欢红色的。"

供应商："我敢肯定可以给您提供红色的壶。假如我能做到的话，您是否要？"

顾客："这种我不太喜欢，我喜欢有皮垫子的。"

家具商："如果我能为您提供带皮垫的安乐椅，您是否会买？"

这种方法极其有效。如果将所有回绝理由都摸清并排除的话，最后一个问题一解决就使对方失去了退路。如果这种方法仍行不通，说明你没完全把握对方的心理，没弄清对方的真正用意。

总之，面对顾客的拒绝，你不要后退，再艰难你也要勇敢地闯过去。面对顾客的拒绝，开动脑筋，化不利为有利。任何一个推销员只要做好这个方面的工作，就是一个优秀的推销员。

在极短时间内达成销售

贝特格说，每个人都是你的客户，尊重每一个客户，对不同的客户要具体问题具体分析，适时制造紧张气氛，如果有人情在，你的销售就更容易成功了。

一、善于制造紧张气氛

玛丽·柯蒂奇是美国"21世纪米尔第一公司"的房地产经纪人，1993年，玛丽的销售额是2000万美元，在全美国排名第四。下面是玛丽的一个经典案例，她在30分钟之内卖出了价值55万美元的房子。

玛丽的公司在佛罗里达州海滨，这里位于美国的最南部，每年冬天，都有许多北方人来这里度假。

1993年12月13日，玛丽正在一处新转到她名下的房屋参观。当时，他们公司有几个业务员与她在一起，参观完这间房屋之后，他们还将去参观别的房子。

就在他们在房屋里进进出出的时候,一对夫妇也在参观房子。这时,房主对玛丽说:"玛丽,你看看他们,去和他们聊聊。"

"他们是谁?"

"我也不知道。我还以为他们是你们公司的人呢,因为你们进来的时候,他们也跟着进来了。后来我才看出,他们并不是。"

"好。"玛丽走到那一对夫妇面前,露出微笑,伸出手说:

"嗨,我是玛丽·柯蒂奇。"

"我是彼特,这是我太太陶丝。"那名男子回答,"我们在海边散步,看见有房子参观,就进来看看,我们不知道是否冒昧了。"

"非常欢迎。"玛丽说,"我是这房子的经纪人。"

"我们的车子就放在门口。我们从西弗吉尼亚来度假,过一会儿我们就要回家去了。"

"没关系,你们一样可以参观这房子。"玛丽说着,顺手把一份资料递给了彼特。

陶丝望着大海,对玛丽说:"这儿真美!这儿真好!"

彼特说:"可是我们必须回去了,要回到冰天雪地里去,真是一件令人难受的事情。"

他们在一起交谈了几分钟,彼特掏出自己的名片递给了玛丽,说:"这是我的名片,我会给你打电话的。"

玛丽正要掏出自己的名片给彼特时,忽然停下了手:"听着,我有一个好主意,我们为什么不到我的办公室谈谈呢?非常近,只要几分钟。你们出门往右,过第一个红绿灯,左转……"

玛丽不等他们回答好还是不好，就抄近路走到自己的车前，并对那一对夫妇喊："办公室见！"

车上坐了玛丽的两名同事，他们正等着玛丽呢。玛丽给他们讲了刚才的事情，没有人相信他们将在办公室看见那对夫妇。

等他们的车子停稳，他们发现停车场上有一辆凯迪拉克轿车，车上装满了行李，车牌明明白白显示出，这辆车来自西弗吉尼亚！

在办公室，彼特提出一系列的问题。

"这间房子上市有多久了？"

"在别的经纪人名下6个月，但今天刚刚转到我的名下，房主现在降价求售。我想应该很快就会成交。"玛丽回答。她看了看陶丝，然后盯着彼特说："很快就会成交。"

这时候，陶丝说："我们喜欢海边的房子。这样，我们就可以经常到海边散步了。

"所以，你们早就想要一个海边的家了！"

"嗯，彼特是股票经纪人，他的工作非常辛苦，我希望他能够多休息休息，这就是我们每年都来佛罗里达的原因。"

"如果你们在这里有一间自己的房子，就更会经常来这里，并且会更舒服一些。我认为，这样一来，不但对你们的身体有利，你们的生活质量也将会大大提高。"

"我完全同意。"

说完了这话，彼特就沉默了，他陷入了思考。玛丽也不说话，她等着彼特开口。

"房主是否坚持他的要价？"

"这房子会很快就卖掉的。"

"你为什么这么肯定？"

"因为这所房子能够眺望海景，并且它刚刚降价。"

"可是，市场上的房子很多。"

"是很多。我相信你也看了很多。我想你也注意到了，这所房子是很少拥有车库的房子之一。你只要把车开进车库，就等于回到了家。你只要登上楼梯，就可以喝上热腾腾的咖啡。并且，这所房子离几个很好的餐馆很近，走路几分钟就到。"

彼特考虑了一会儿，拿了一支铅笔在纸上写了一个数字，递给玛丽："这是我愿意支付的价钱，一分钱都不能再多了。不用担心付款的问题，我可以付现金。如果房主愿意接受，我会很高兴。"

玛丽一看，只比房主的要价少1万美元。

玛丽说："我需要你拿1万美元作为定金。"

"没问题。我马上给你写一张支票。"

"请你在这里签名。"玛丽把合同递给彼特。

整个交易的完成，从玛丽见到这对夫妇到签好合约，不到30分钟。

适时地制造紧张气氛，让顾客觉得他的选择绝对是十分正确的，如果现在不买，以后也就没有机会了。你只要能调动客户，让他产生这样的心情，不怕他不与你签约。

二、利用人情这个利器

日本推销专家甘道夫曾对378名推销员做了如下调查："推销员访问客户时，是如何被拒绝的？"70%的人都没有什么明确的拒绝理由，只是单纯地反感推销员的打扰，随便找个借口就把推销员打发走，可以说拒绝推销的人之中有2/3以上的人在说谎。

作为一个推销员，你可以仔细回顾一下你受到的拒绝，根据以往经验把顾客的拒绝理由加以分析和归类，结果会在很大程度上与上述统计数字接近。

一般人说了谎都会有一些良心的不安，这是人之常情，也是问题的要害，抓住这个要害，就为你以后的推销成功奠定了基础。

顾客没有明确的拒绝理由，便是"自欺欺人"，这就好比在其心上扎了一针，使良心不得安宁。假如推销员能抓住这个要害，抱着"不卖商品卖人情"的信念，那么，只要顾客接受你这份人情，就会买下你的商品，回报你的人情。

"人情"是推销员推销的利器，也是所有工商企业人士的利器，要想做成生意，少不了人情。

一位推销员说起他的一次利用人情推销成功的经验："我下决心黏住他不放，连续两次静静地在他家门口等待，而且等了很长时间，第三天，他让我进门了。这个顾客接受了我的人情。生意成交后，他的太太不无感慨地说：'你来了，我说我先生不在，你却说没关系，你等他，而且就在门口等，我们在家里看着实在不好意思。'"这种

人情推销，谁好意思拒绝呢？

利用好人情这个利器，推销时使用它，你一定能快刀斩乱麻，顺利成交。

必须学会的销售技巧

贝特格告诉我们,销售中也要学会欲擒故纵、出其不意等招数,利用各种资源为推销铺路,尽量从满意的顾客处发展新的业务,不失时机地亮出你的底牌也是很关键的制胜之道。

一、欲擒故纵

在推销生涯早期,推销大师威尔克斯平时衣衫不整,就连领带也是皱皱巴巴的。他当时的工资很少,佣金不多,除了供给家人衣食外,所剩无几。但他告诉了后来成为推销大师的库尔曼一个神奇的推销技巧。

威尔克斯当时面临的最大困难就是推销失败。与客户第一次接触后,他常常得到这样的答复:"你所说的我会考虑,请你下周再来。"到了下周,他准时去见客户,得到的回答是:"我已仔细地考虑过你的建议,我想还是明年再谈吧。"

他感到十分沮丧。第一次见面时他已把话说尽,第二次会谈时实在想不出还要说些什么。有一天，他突发奇想，想到一个办法，第二次会谈竟然旗开得胜。

他把这个神奇的办法告诉库尔曼，库尔曼将信将疑，但还是决定试一试。次日早晨，库尔曼给一位建筑商打电话，约了第二次会谈的时间。此前一周，库尔曼与他会谈过，结果是两周以后再说。

库尔曼按照威尔克斯所讲的严格去做。会谈之前，他把本该由客户填的表格填好，包括姓名、住址、职业等。他还填好了客户认可的保险金额，然后在客户签名栏重重地做上标记。

库尔曼按时来到建筑商的办公室，秘书不在，门开着，可以看到建筑商坐在桌前，他认出库尔曼，说："再见吧，我不想考虑你的建议。"

库尔曼装作没听见，大步走了过去，建筑商坚定地说："我现在不会买你的保险，你先放放这事儿，过半年再来吧。"

在他说话的时候，库尔曼一边走近他，一边拿出早已准备好的表格，把表格不由分说地放在他面前。按照威尔克斯的指导，库尔曼说："这样可以吧，先生？"

他不由自主地瞥了一眼表格，库尔曼趁机拿出钢笔，平静地等着。

"这是一份申请表吗？"他抬头问道。

"不是。"

"明明是，为什么说不是？"

"在您签名之前算不上一份申请表。"说着，库尔曼把钢笔递给他，用手指着做出标记的地方。

真如威尔克斯所说，他下意识地接过笔，更加认真地看着表格，后来慢慢地起身，一边看一边踱到窗前，一连5分钟，室内悄无声息。最后，他回到桌前，一边拿笔签名，一边说："我最好还是签个名吧，如果以后真有麻烦呢。"

"您愿意交半年呢还是交一年？"库尔曼抑制着内心的激动。

"一年多少钱？"

"只有500美元。"

"那就交一年吧。"

当他把支票和钢笔同时递过来时，库尔曼激动得差点跳起来。

欲擒故纵还有一种表现形式，就是在和顾客谈生意的时候不要太心急。如果太心急，只会引起顾客的不信任。把握好结束推销的方法也是促成成交的一种手法。

有一天，一个推销员在一个城市兜售一种炊具，他敲了公园巡逻员凯特家的门，凯特的妻子开门请推销员进去。凯特太太说："我的先生和隔壁的华安先生正在后院，不过，我和华安太太愿意看看你的炊具。"推销员说："请你们的丈夫也到屋子里来吧！我保证，他们也会喜欢我对产品的介绍。"于是，两位太太硬"逼"着她们的丈夫也进来了。推销员做了一次极其认真的烹调表演。他用他所要推销的那一套炊具，用文火不加水煮苹果，然后又用凯特太太家的炊具煮。这给两对夫妇留下深刻的印象。但是男人们显然装出一副毫无兴趣的样子。

一般的推销员看到两位主妇有买的意思，一定会趁热打铁，鼓动她们买。如果那样，还真不一定能推销出去，因为越是容易得到的东西，人们往往越觉得它没有什么珍贵的，而得不到的才是好东西。聪明的推销员深知人们的心理，他决定用"欲擒故纵"的推销术。他洗净炊具，包装起来，放回样品盒里，然后对两对夫妇说："嗯，多谢你们让我做了这次表演。我很希望能够在今天向你们提供炊具，但今天我只带了样品，你们将来再买它吧。"说着，推销员起身准备离去。这时，两位丈夫立刻对那套炊具表现出了极大的兴趣，他们都站了起来，想要知道什么时候能买到。

凯特说："请问，现在能向你购买吗？我现在确实有点喜欢那套炊具了。"

华安先生也说道："是啊，你现在能提供货品吗？"

推销员真诚地说："两位先生，实在抱歉，我今天确实只带了样品。什么时候发货，我也无法知道确切的日期。不过请你们放心，等能发货时，我一定把你们的要求放在心里。"凯特先生说："唷，也许你会把我们忘了，谁知道啊？"

这时，推销员感到时机已到，就自然而然地提到了订货事宜。

于是，推销员说："噢，也许……为保险起见，你们最好还是付定金买一套吧。一旦公司能发货就给你们送来。这可能要等待一个月，甚至可能要两个月。"

适时吊吊客户的胃口，人们往往钟爱得不到的东西，聪明的推销员都会使用这一方法，但是在你没有把握的时候千万不要使用，否则就会弄巧成拙。

二、亮出自己的底牌

有一位动物学家发现，狼攻击对手时，对手若是腹部朝天，表示投降，狼就停止攻击。为了证实这一点，这位动物学家躺到狼面前，手脚伸展，袒露腹部。果然，狼只是闻了他几下就走开了。这位动物学家没有被咬死，但差点被吓死。

秦朝末年，谋士陈平有一次坐船过河，船夫见他白净高大，衣着光鲜，便不怀好意地瞄着他。陈平见状，就把上衣脱下，光着膀子去帮船夫摇橹。船夫看到他身上没什么财物，就打消了恶念。

袒露不易，之所以不易，一方面是因为需要极大的勇气和超绝的智慧，另一方面是因为要找准对象。如果对一条狗玩袒露的把戏，后果还用说吗？

日常推销工作中，常常可能遇到一些固执的客户，这些人脾气古怪而执拗，对什么都听不进去，始终坚持自己的主张。面对对方这种固执己见的情况，推销员千万不要丧失信心，草草收兵，只要仍存一丝希望，就要做出最后的努力。一般来说，这种最后的努力还是开诚布公的好，索性把牌摊开来打。这种以诚相待的推销手法能够修补已经破裂的成交氛围，当面摊牌则可能使客户重新产生兴趣。

有位推销员很善于揣摩客户的心理活动，一次上门访问，他碰到一位平日十分苛刻的商人，按照常规，对方会把自己拒之门外的。这位推销员灵机一动，仔细分析了双方的具体情况，想出一条推销妙计，然后登门求见那位客户。

双方一见面，还没等坐定，推销员便很有礼貌地说："我早知道您是个很有主见的人，对我今天上门拜访您肯定会提出不少异议，我很想听听您的高见。"他一边说着，一边把事先准备好的 18 张纸卡摊在客户的面前："请随便抽一张吧！"对方从推销员手中随意抽出一张，见卡片上写的正是客户对推销产品所提的异议。

当客户把 18 张写有客户异议的卡片逐个读完之后，推销员接着说道："请您再把卡片反过来读一遍。"原来每张纸片的背后都标明了推销员对每条异议的辩解理由，客户一言未发，认真看完了纸片上的每行字，最后忍不住露出了平时少见的微笑。面对这位办事认真又经验老练的推销员，客户开口了，"我认了，请开个价吧！"

摊开底牌是一种非常微妙的计谋，不像其他一些计谋那样可以经常使用，除非你决心一直以坦荡、诚实、胸无城府的形象出现，但这几乎是不可能的。因此，偶尔用一次就够了，可一而不可再。尤其注意不要在同一个人面前反复使用，对方会想：这家伙怎么没什么长进啊？偶尔为之，下不为例。

如何确保顾客的信任

贝特格说:"赢得客户的信任,你才能源源不断地得到客户;只有保证顾客对你的信任,你才能稳住你的老客户。"

一、首先要消除顾客的戒心

艾丽斯长得很漂亮,从事推销工作没多长时间。她知道电话推销是最快捷、最经济的推销方式之一,也知道打电话的技巧和方法。她几乎用60%的时间去打电话、约访顾客。她努力去做了,可遗憾的是业绩还是不够理想。

她认为自己的声音柔美、态度诚恳、谈吐优雅,可就是约访不到顾客。

一天,她心生一计,想到打电话最大的弊端是看不到对方的人,不知道对方长什么样子,对方对自己缺乏信赖感。为什么不想方设法让对方看到自己呢?

于是,她从影集里找出一张自己最具美感和信赖感的照片,然后把照片扫描到电脑里,以电子邮件的形式发给顾客,当然会加一些文字介绍。同时,她又把照片通过手机发到不方便接收电子邮件的顾客手机上。

一般情况下,她打电话给顾客之前,先要告诉对方刚才收到的邮件或短信上的照片就是她本人。当顾客打开邮件或短信看到她美丽的照片时,感觉立即就不一样了,对她多了几分亲近,多了几分信赖,从此,她的业绩扶摇直上。

赢得顾客的信任,你才能成功地完成销售工作。如果你不能获得顾客的信任,怎么能让人和你成交呢?顾客买你的产品,同时买的也是对你的信任。

贝特格认识一位客户,她是一位整天都高高兴兴的小老太太,她对任何陌生人都怀有戒心,之所以同意与贝特格见面,纯粹是因为她的律师做了引荐。

她一个人住,对任何一个她不认识的人都不放心。贝特格在路上时,给她家里打了一个电话,然后抵达时又打了一个电话。她告诉贝特格,律师还未到,不过她可以先和他谈谈。这是因为之前贝特格和她说了几次话,让她放松了下来。当这位律师真正到来时,他的在场已经变得无关紧要了。

贝特格第二次见到这位准客户时,发现她好像因为什么事情而心神不宁。原来,她申请了一部"急救电话",这样当她有病时,就可以得到帮助。社会保障部门已经批准了她的申请,但一直没有安装。贝特格马上给社会保障部门打电话询问催促,当天下午就装好了这部"急救电话",贝特格一直在她家里守候到整个事情做完。

从那时起,这位客户对贝特格言听计从——给予了他彻底的信任,因为贝特格看到了真正困扰她的事情。现在,她相信贝特格有能力满足她的欲求和需要。这个"额外"的帮忙好像使得贝特格的投资建议几乎变得多余。这些投资建议是贝特格当初出现在她面前的主要原因,虽然那时她对此并无多大兴趣。贝特格说:"信任有许多源头。有时候,它赖以建立的物质基础和你的商业建议没有任何关系,而是因为你——作为一名推销员,做了一些额外的小事。恰恰是这点小事,可以为你带来意想不到的收获。"

得到别人如此的信任也是一份不小的荣耀。想必很多人都有这么一个体会:信任会因最奇怪的事情建立,也会被最无关紧要的事情摧毁。忠诚会带来明日的生意和高度的工作满足感。

人们购买的是对你的信任,而非产品或服务。一个推销员所拥有价值最高的东西是客户的信任。成功的推销是感情的交流,而不只是商品。

二、取得客户信任的方法

多年来,推销大师贝特格经手了很多保险合同,投保人在保险单上签字,他都复印一份,放在文件夹里。他相信,那些材料对新客户一定有很强的说服力。

在与客户会谈的末尾,他会补充说:"先生,我很希望您能买这份保险。也许我的话有失偏颇，您可以与一位和我的推销完全无关的人谈一谈。能借用电话吗？"然后，他会接通一位"证人"的电话，让客户与"证人"交谈。"证人"是他从复印材料里挑出来的，可能是客户的朋友或邻居。有时两人相隔很远，就要打长途电话，但效果更好。

初次尝试时，他担心客户会拒绝，但这事从没发生过。相反，他们非常乐于同"证人"交谈。

无独有偶，一个人也有类似的经历。他去买电烤炉，产品介绍像雪片一样飞来，他该选哪个？其中有一份因文字特别而吸引了他："这里有一份我们的客户名单，您的邻居就用我们的烤炉，您可以打电话问问，他们非常喜欢我们的产品。"

这个人就打了电话，邻居都说好。自然，他买了那家公司的烤炉。

取得客户的信任有很多种方法，现代营销充满竞争，产品的价格、品质和服务的差异已经变得越来越小，推销人员也逐步意识到竞争核心正聚焦于自身，懂得"推销产品，首先要推销自我"的道理。要"推销自我"，首先必须赢得客户的信任，没有客户信任，就没有展示自身才华的机会，更无从谈赢得销售成功的结果。要想取得客户的信任，可以从以下几个方面去努力。

1. 专业

一味强调推销人员应具备自信心显然是不够的，因为自信的表现和发挥需要一定的基础——"专业"。也就是说，当你和客户交往时，你对交流内容的理解应该力求有"专家"的认识深度，这样让客户在和你沟通中每次都有所收获，进而拉近距离，提升信任度。另外，自身专业素养的不断提高，也将有助于自信心的进一步强化，形成良性循环。

2. 坦承细微不足

"金无足赤，人无完人"是至理名言，而现实中的推销人员往往有悖于此。他们面对客户经常造就"超人"形象，及至掩饰自身的不足，对客户提出的问题和建议几乎全部应承，很少说"不行"或"不能"的言语。从表象来看，似乎你的完美将给客户留下信任；但殊不知人毕竟还是现实的，都会有或大或小的毛病，不可能做到面面俱"美"，你的"完美"宣言恰恰在宣告你的"不真实"。

3. 帮客户买，让客户选

推销人员在详尽阐述自身优势后，不要急于单方面下结论，而是建议客户多方面了解其他信息，并申明，相信客户经过客观评价后会做出正确选择的。这样的沟通方式能让客户感觉到他是拥有主动选择权利的，和你的沟通是轻松的，体会我们所做的一切是帮助他更多地了解信息，并能自主做出购买决策，从而让我们和客户拥有更多的沟通机会，最终建立紧密和信任的关系。

4. 成功案例，强化信心保证

许多企业的销售资料中都有一定篇幅介绍本公司的典型客户，推销人员应该积极借助企业的成功案例消除客户的疑虑，赢得客户的信任。在借用成功案例向新客户做宣传时，不应只是介绍老客户的名称，还应有详细的其他客户的资料和信息，如公司背景、产品使用情况、联系部门、相关人员、联络电话及其他说明等，单纯告知案例名称而不能提供具体细节的情况，会给客户留下诸多疑问。比如，怀疑你所介绍的成功案例是虚假的，甚至根本就不存在。所以细致介绍成功案例，准确答复客户询问非常重要，用好成功案例能对你建立客户信任发挥重要作用——"事实胜于雄辩"。

Part 5

托德·邓肯：
告诉你如何成为销售冠军

排练法则：排练好销售这幕剧

托德·邓肯认为，决定销售成败的因素很多，在销售前充分考虑各方面的情况，排练好销售这幕剧至关重要。

一、销售尽量让气氛融洽

在推销洽谈的时候，气氛是相当重要的，它关系到交易的成败。只有当推销员与顾客之间感情融洽时，才可以在和谐的洽谈气氛中推销商品。推销员把顾客的心与自己的心相通称为"沟通"。即使是初次见面的人，也可以因性格、感情的缘故而"沟通"。

那么，怎样才能营造融洽的气氛呢？要注意的地方很多，比如时间、地点、场合、环境等。但最重要的一点是，推销员应当处处为顾客着想。

年轻气盛、没有经验的推销员在向顾客推销产品时，往往不愿倾听顾客的意见，自以为是、盛气凌人，不断地同顾客争论，这种争论又往往发展成为争吵，因而妨碍了推销的进展。要知道，在争吵中击败客户的推销员往往会失去达成交易的机会。推销员不是靠同顾客争论来赢得顾客。同时，推销员也知道，顾客在争论中输给推销员，就没有兴趣购买推销员的产品了。

没有人喜欢那些自以为是的人，更不会喜欢那些自以为是的推销员。推销员对那些自作聪明者的不友好的建议很反感，就算是那些友好的建议，只要它们不符合推销员的愿望，有时推销员也同样会很反感。所以，有些推销员总是愿意同顾客进行激烈的争论。可能他们忘记了这样一条规则：当某一个人不愿意被别人说服的时候，任何人也说服不了他，更何况要他掏腰包。

托德·邓肯告诉我们，要改变顾客的某些看法，推销员首先必须使顾客意识到改变看法的必要性，让顾客知道你是在为他着想，为他的利益考虑。改变顾客的看法，要通过间接的方法，而不应该直接地影响顾客，要使顾客觉得是他们自己在改变自己的看法，而不是其他人或外部因素强迫他们改变看法。在推销洽谈开始的时候，要避免讨论那些有分歧意见的问题，着重强调双方看法一致的问题。要尽量缩小双方存在的意见分歧，让顾客意识到你同意他的看法，理解他提出的观点。这样，洽谈的双方才有共同的话题，洽谈的气氛才会融洽。

应当尽量赞同顾客的看法。因为你越同意顾客的看法，他对你的印象就越深，推销洽谈的气氛就对你越有利。如果你为顾客着想，顾客也就能比较容易地接受你的建议。有时候必要的妥协有助于彼此互相迁就，有助于加强双方的联系。推销员不应过多地考虑个人的声誉问题，一个过分担心自己的声誉受到损害的推销员很快就不得不担心他的推销。

在推销洽谈中，即使在不利的情况下也应该努力保持镇静。当顾客说推销员准备向他兜售什么无用的"笨货"的时候，应当友好地对他笑一笑，并且说："无用的'笨货'？我怎么会推销那些东西呢？特别是我怎么能向您这样精明的顾客推销那些东西呢？我为什么要和您开那样的玩笑呢？您想一想，还有什么比我们之间的友谊更重要？"

有时候，推销洽谈会出现僵局，双方各执己见，相持不下。如果出现这种情况，明智的推销员会设法缓和洽谈的气氛，或者改变洽谈的话题，甚至中断洽谈，待以后再进行。总之，绝不在气氛不佳的情况下进行洽谈。

托德·邓肯认为，在空间上和客户站在同一个高度是使气氛融洽的一个很好的方法。

回想一下你被上级叫去，面对面地站着讲话的情景，大概就可以体会到那种使人发窘的气氛。人是在无意识中受气氛支配的，最能说明问题的事例便是日本的 SF 经营方法。其方法是等顾客多起来后，运用独特的语言向人们发起进攻，让人觉得如果失去这次机会，就不可能在如此优越的条件下买到如此好的东西，抱有此种观点的顾客事后都发现"糊里糊涂地就买了"。这种人太多了。

再次推销时，推销员常常要说："对不起，能否借把椅子坐？"若不是过于笨拙是绝不会被拒绝的。如一边说着"科长前几天谈到的那件事……",一边靠近对方身体,从而进入了同等的"势力范围",这样做既能从共同的方向一起看资料,又能形成亲密气氛。不久,顾客本人也较快地意识到并增添了双方的亲密感。

空间上的恰当位置是促进人与人之间关系密切的辅助手段,是非常重要的不可忽视的手段。

二、学会让顾客尽量说"是"

世界著名推销大师托德·邓肯在推销时,总爱向客户问一些主观答"是"的问题。他发现这种方法很管用,当他问过五六个问题,并且客户都答了"是",再继续问其他关于购买方面的知识,客户仍然会点头,这个惯性一直保持到成交。

托德·邓肯开始搞不清里面的原因,当他读过心理学上的"惯性"理论后,终于明白了,原来是惯性化的心理使然。他急忙请了一个内行的心理学专家为自己设计了一连串的问题,而且每一个问题都让自己的准客户答"是"。利用这种方法,托德·邓肯达成了很多大额保单。

优秀的推销员可以让顾客的疑虑统统消失,秘诀就是尽量避免谈论让对方说"不"的问题。而在谈话之初,就要让他说出"是"。销售时,刚开始的那几句话是很重要的,例如,"有人在家吗……我是××汽车公司派来的……是为了轿车的事情前来拜访的……""轿车?对不起,现在我手头紧得很,还不到买的时候。"

很显然，对方的答复是"不"。而一旦客户说出"不"后，要使他改为"是"就很困难了。因此，在拜访客户之前，首先就要准备好让对方说出"是"的话题。

关键是想办法得到对方的第一句"是"。这句本身虽然不具有太大意义，却是整个销售过程的关键。

"那你一定知道，有车库比较容易保养车子喽？"除非对方存心和你过不去。否则，他必须同意你的看法。这么一来，你不就得到第二句"是"了吗？

优秀的推销员一开始同客户会面，就留意向客户做些对商品的肯定暗示。

"夫人，您的家里如装饰上本公司的产品，那肯定会成为邻里当中最漂亮的房子！"

当他认为已经到了探询客户购买意愿的最好时机，就这样说："夫人，您刚搬入新建成的高档住宅区，难道不想买些本公司的商品，为您的新居增添几分现代情趣吗？"

优秀的推销员在交易一开始时，利用这个方法给客户一些暗示，客户的态度就会变得积极起来。等到进入交易过程中，客户虽对优秀推销员的暗示仍有印象，但已不认真留意了。当优秀的推销员稍后再试探客户的购买意愿时，他可能会再度想起那个暗示，而且会认为这是自己思考得来的呢！

客户经过商谈过程中长时间的讨价还价，办理成交又要经过一些琐碎的手续，所有这些都会使得客户在不知不觉中将优秀的推销员预留给他的暗示当作自己所独创的想法，而忽略了它是来自他人的巧妙暗示。因此，客户的情绪受到鼓励，定会更热情地进行商谈，直到与推销员成交。

"我还要考虑考虑！"这个借口也是可以避免的。一开始商谈，就立即提醒对方应当机立断就行了。

"您有目前的成就，我想，也是经历过不少大风大浪吧！要是在某一个关头稍一疏忽，就可能没有今天的您了，是不是？"不论是谁，只要他有一丁点儿成绩，都不会否定上面的话。等对方同意甚至大发感慨后，优秀的推销员就接着说：

"我听很多成功人士说，有时候，事态逼得你根本没有时间仔细推敲，只能凭经验、直觉而一锤定音。当然，一开始也会犯些错误，但慢慢地判断时间越来越短，决策也越来越准确，这就显示出深厚的功力了。犹豫不决是最要不得的，很可能坏大事，是吧？"

即使对方并不是一个果断的人，也会希望自己是那样的人，所以对上述说法点头者多、摇头者少。因此，下面的话就顺理成章了：

"好，我也最痛恨那种优柔寡断、成不了大器的人。能够和您这样有决断力的人交谈，真是一件愉快的事情。"这样，你怎么还会听到"我还要考虑考虑"之类的话呢？

任何一种借口、理由，都有办法事先堵住，只要你好好动脑筋，勇敢地说出来。也许，一开始你运用得不纯熟，会碰上一些小小的挫折。不过不要紧，总结经验教训后，完全可以充满信心地事先消除种种借口，直奔成交，并巩固签约成果。

靶心法则：开发高回报的顾客

客户也有不同种类，高回报顾客能带给你高收益，多多开发高回报的客户，能做到低投入、高产出。

一、开发有影响力的中心人物

开发有影响力的中心人物，利用中心开花法则。中心开花法则就是推销人员在某一特定的推销范围里发展一些具有影响力的中心人物，并且在这些中心人物的协助下，把该范围里的个人或组织都变成推销人员的准顾客。实际上，中心开花法则也是连锁介绍法则的一种推广运用，推销人员通过所谓"中心人物"的连锁介绍，开拓其周围的潜在顾客。

中心开花法则所依据的理论是心理学的光环效应法则。心理学原理认为，人们对于在自己心目中享有一定威望的人物是信服并愿意追随的。因此，一些中心人物的购买与消费行为就可能在他的崇拜者心目中形成示范作用与先导效应，从而引发崇拜者的购买与消费行为。实际上，任何市场概念及购买行为中，影响者与中心人物是客观存在的，他们是"时尚"在人群中传播的源头。只要了解确定中心人物，使之成为现实的顾客，就有可能发展与发现一些潜在顾客。

利用这种方法寻找顾客，推销人员可以集中精力向少数中心人物做细致的说服工作；可以利用中心人物的名望与影响力提高产品的声望与美誉度。但是，利用这种方法寻找顾客，把希望过多地寄托在中心人物身上，而这些所谓中心人物往往难以接近，从而增加了推销的风险。如果推销人员选错了消费者心目中的中心人物，有可能弄巧成拙，难以获得预期效果。

在你推销商品时，常常有这样的情况：一个家庭或一群同伴来跟你谈生意、做交易，这时你必须先准确无误地判断出其中的哪位对这笔生意具有决定权，这对生意能否成交具有很重要的意义。如果你找对了人，将给你的生意带来很大的便利，也可让你有针对性地与他进行交谈，抓住他某些方面的特点，把你的商品介绍给他，让他觉得你说的正是他想要的商品。

相反，如果你开始就盲目地跟这一群人中的某一位或几位介绍你的商品如何，把真正的决定者冷落在一边，这样不仅浪费了时间，而且会让人看不起你，认为你不是生意上的人，怎么连决定权掌握在谁手里都不知道，那你的商品又怎能令人放心？

如何确定谁是这笔交易的决定者，这很难说有哪些方法，只有在长期的实践过程中经常注意这方面的情况，慢慢摸索顾客的心理，才能做到又快又准确地判断出谁是决定者。下面，介绍几种比较常见却又比较容易让人判断错的情况。

当你去一家公司推销沙发时，正好遇到一群人，当你向他们介绍沙发时，他们中有些人听得津津有味，并不时地左右察看，或坐上去试试，同时向你询问沙发的一些情况并不时地做出一些评价等。而有些人则对沙发无动于衷，一点儿也不感兴趣，站在旁边，似乎你根本就不在旁边推销商品。这两种人都不是你要找的决定人。当你向他们提出这样的问题："你们公司想不想买这种沙发？""我觉得这沙发放在办公室里挺不错的，贵公司需不需要？"他们便会同时看着某一个人，这个人便是你应找的公司领导，他能决定是否买你的沙发。

当你在推销洗衣机时，一个家庭的几位成员过来了。首先是这位主妇说："哦，这洗衣机样式真不错，体积也不大。"然后长子便开始对这台洗衣机大发评论了，还不停地向你询问有关的情况。这时，你千万不要认为这位长子便是决定者，从而向他不停地讲解，并详细地介绍和回答他所提出的问题，而要仔细观察站在旁边不说话，眼睛却盯着洗衣机在思索的父亲，应上前与他搭话："您看这台洗衣机怎么样，我也觉得它的样式挺好。"然后与他交谈，同时再向他介绍其他的一些性能、特点等。因为这位父亲才是真正的决定者，而你向他推销、介绍，比向其他人介绍有用得多，只有让他对你的商品感到满意，你的交易才可能成功，而其他人的意见对他只具有参考价值。

在有些场合下，你一时难以判断出谁是决定者，这时你可以稍微改变一下提问的方式。比如，你可以向这群人中的某一位询问一些很关键、很重要的问题，这时如果他不是领导者，他肯定不能给你准确明了的答复，而只是一般性的应答，或是让你去找他们的领导。

如果你正好碰上领导者，那么他就能对你提出的重要问题给予肯定回答。这种比较简单的试问法可以帮你尽快地、准确地找到你所想要找的决定者。因此，能使你更有效地进行推销活动，避免了时间上的浪费，提高了你的商品推销说明的效率。

推销人员可以在某一特定的推销范围里发展一些具有影响力的中心人物，并且在这些中心人物的协助下，把该范围里的个人或组织都变成推销人员的准顾客。

二、寻找一个团体中的拍板人

托德·邓肯说，如果想在你所有的人际关系中得到更多的人际资源，必须先以其中一人为中心向外扩张，也就是借由这最初的250个人脉关系，从中再寻找可以让你向其他人搭上关系的桥梁，如此周而复始地推动，将每一个人的250个人际关系紧紧地串联在一起，也就是直销界经常使用的推荐模式。通过不断联络经营，认识的人会源源不绝，真可谓"取之不尽，用之不竭"！所以良好的人际关系全看自己如何去推动。如果要验证自己的人际网络是否丰富，可以随意走到任何的公共场合中，假如时常遇见认识的人和自己打招呼，即证明你的人际关系已经是相当成功了。

此外，通常在推销中寻找拍板人时，也要充分尊重其他人。仅仅尊重是不够的，还要让所有的人变成准客户、客户才行。

访问重要人物时，注意搞好与在拜访过程中遇到的人的关系。比如，即使你明明知道大人物的住处或办公室，但也可以在途中找个人问一问，创造办完事回过头来再次和那个人接触的良机。简单地说，让你所接触的人都变成准客户。要知道，不管你推销什么，任何人都有可能对你的推销产生影响。平时注意"小人物"已经不那么容易，谈"大生意"时就更难了。光顾着拍板人，冷落其他人的事例太多了。

经常听到有些专业推销员说自己跟谁"很熟"，但一问到一些细节，他们就答不上来。"熟人"和"准客户"是有明显区别的。要是你把别人当成准客户，你就要了解清楚对方的姓名、年龄、籍贯、性格、经济状况、爱好等，在此基础上再进行认真的商谈，对方才会由熟人变成准客户，进而成为客户。

请记住：当你与一位经理、厂长、部长洽谈大生意时，与秘书、主任、司机等人先成交小生意的可能性非常大。除了成交真正的生意外，赢得这些"小人物"的心也要比争取"大人物"的好感容易得多。

养成多说一句话的习惯，请人给别人介绍自己和产品。"这样的好东西，跟亲戚朋友多说一说。""你知道谁特别需要这种产品吗？请给我介绍一下。"成交也好，暂时未能成交也好，你多说一句总是没什么坏处的，因为你已经撒下了一粒成功的种子！

杠杆法则：让对手成为杠杆

记住：对手越多的地方机会就越多。应该感谢你的对手，真诚地给对手赞赏，永远不要抱怨。

一、真诚赞赏你的对手

托德·邓肯的朋友亚斯独自开了一家计算机销售店，旗开得胜，这引起了邻近的计算机销售店店主瑞特的怨恨，瑞特无中生有地指责年轻的亚斯"不地道，卖水货"。亚斯的好友为此感到非常气愤，劝说亚斯向法院起诉，控告瑞特的诬陷。亚斯却不仅不恼，反而笑嘻嘻地说："和气才能生财，冤冤相报何时了？"当顾客们再次向亚斯述说起瑞特的攻击时，亚斯心平气和地对他们说："我和瑞特一定是在什么事情上产生了误会，也许是我不小心在什么地方得罪了他。瑞特是这个城里最好的店主，他为人热情、讲信誉。他一直为我所敬仰，是我学习的榜样。我们这个地方正在发展之中，有足够的余地供我们两家做生意。日久见人心，我相信瑞特绝对不是你们所说的那种人。"瑞特听到这些话，深深地为自己的言行感到羞愧，不久后的一天，他特地找到亚斯，向亚斯表达了自己的这种心情，还向亚斯介绍了自己经商的一些经验，提了一些有益的建议。这样，亚斯用真诚的赞扬消除了两人之间的怨恨。

给客户真诚的赞赏，在顾客面前给你的竞争对手美言几句，这是托德·邓肯成为客户最信赖的推销员的原因之一。

一切都发生在俄亥俄州一家大型化学公司财务主管琼斯的办公室里。琼斯当时并不认识后来成为推销大师的法兰克·贝特格，很快贝特格发觉琼斯对其服务的菲德利特公司丝毫不了解。

以下是他们的对话：

"琼斯先生，您在哪家公司投了保？"

"纽约人寿保险公司、大都会保险公司。"

"您所选择的都是些最好的保险公司。"

"你也这么认为？"

"没有比您的选择更好的了。"

接着，贝特格向琼斯讲述了那几家保险公司的情况和投保条件。

贝特格说的这些丝毫没有使琼斯觉得无聊，相反，他听得入神，因为有许多事是他原来不知道的。贝特格看得出他因认为自己的投资判断正确而感到自豪。

之后，贝特格接着说："琼斯先生，在费城还有几家大的保险公司，例如菲德利特、缪托尔等，它们都是全世界有名的大公司。"

贝特格对竞争对手的了解和夸赞似乎给琼斯留下了深刻的印

象。当贝特格再把菲德利特公司的投保条件与那几家他所选择的大公司一起比较时,由于经贝特格介绍他已熟悉了那几家公司的情况,他就接受了贝特格,因为菲德利特的条件更适合他。

在接下来的几个月内,琼斯和其他四名高级职员从菲德利特公司购买了大笔保险。当琼斯的公司总裁向贝特格咨询菲德利特公司的情况时,琼斯先生连忙插嘴,一字不差地重复了贝特格对他说过的话:"那是费城三家最好的保险公司之一。"

贝特格能成为推销大师绝非偶然,他身上的闪光点都需要我们好好学习。真诚赞赏一下竞争对手,对你能有什么损失呢?

二、正确对待竞争对手

在推销商品时完全不遇到竞争对手的情况是很少的。面对这种情况,托德·邓肯告诉我们,必须做好准备去应对竞争对手,如果没有这种思想准备,客户会以为你敌不过竞争对手。

当然,大多数客户都知道一些竞争对手提供的商品,但推销员会吃惊地发现,并不知道同一领域里有哪些主要竞争者的买主也时有所遇。因此,聪明的推销员一般都不主动提及有无竞争对手的事,他们害怕那样做会向客户提供他们不知道的信息。

下面以销售汽车为例说明问题:

某企业的总经理正打算购买一辆汽车送给儿子作为高中毕业的礼物,萨布牌轿车的广告曾给他留下印象,于是他到一家专门销售这种汽车的商店去看货。而这里的推销员在整个介绍过程中却总是在说他的车如何如何比"菲亚特"和"大众"强。

作为总经理的他似乎发现,在这位推销员的心目中,后两种汽车是最厉害的竞争对手,尽管总经理过去没有听说过那两种汽车,他还是决定最好先亲自去看一看再说。最后,他买了一辆"菲亚特"。

看来,真是话多惹祸。

不贬低诽谤同行业的产品是推销员的一条铁的纪律。请记住:把别人的产品说得一无是处,绝不会给你自己的产品增加一点好处。

如何对待竞争对手呢?除了上文说的给对手真诚的赞赏外,还要尽量掌握对手的信息。

为什么必须经常注意竞争对手的动向呢?托德·邓肯指出了另一个原因,他说:

"我不相信单纯依靠推销术被动竞争能够做好生意,但我相信禁止我的推销员讨论竞争对手的情况是极大的错误。我过去太喜欢'埋头苦干',以至于对市场动向掌握甚少。现在我已要求手下的推销员只要在他们负责的区域发现一种竞争产品就立即给我送来。

"我的这种愿意研究他人产品的态度对手下人是一剂兴奋剂。它至少表明我不愿意在打瞌睡的时候被别人超过去;如果本行业已经纷纷扬扬地议论起新出现的竞争产品,而我仍然在睡大觉,推销员们势必灰心丧气。

"我坚决主张应当全面掌握竞争对手的情况。外出执行任务的推销员会不断听到关于他人产品的优点和自己产品的弱点的议论，因此必须经常把他们召回大本营，让他们从头至尾重新制订自己货品的推销计划，这样他们才不至于在推销工作中陷入被动竞争的困境。"

在实际行动中，要承认对手，但是不要轻易进攻。

毫无疑问，避免与竞争对手发生猛烈"冲撞"是明智的，但是，要想绝对回避他们看来也不可能。推销员如果主动攻击竞争对手，他将给人留下这样一种印象：他一定是发现竞争对手非常厉害，觉得难以对付。人们还会推断，他对另一个公司的敌对情绪之所以这么大，那一定是因为他在该公司吃了大亏。客户下一个结论就会是：如果这个厂家的生意在竞争对手面前损失惨重，那么他竞争对手的货就属上乘，我应当先去那里瞧瞧。

托德·邓肯讲过这样一件事，说明推销员攻击竞争对手会造成什么样的灾难性的后果：

"我在市场上招标，要购入一大批包装箱。收到两项投标，一个来自曾与我做过不少生意的公司，公司的推销员找上门来，问我还有哪家公司投标。我告诉他了，但没有透露价格秘密。他马上说道：'噢，是啊，是啊，他们的推销员吉姆确实是个好人，但他能按照你的要求发货吗？他们工厂小，我对他的发货能力说不清楚。他能满足你的要求吗？你要知道，他对你们要装运的产品也缺乏起码的了解。'

"应该承认，这种攻击还算是相当温和的，但它毕竟还是攻击。结果怎样？我听了这些话产生出一种强烈的好奇心，想去吉姆的工厂里面看看，并和吉姆聊聊，于是前去考察。他获得了订单，合同履行得也很出色。这个简单的例子说明，一个推销员也可以为竞争对手卖东西，因为他对别人进行了攻击，我才在好奇心的驱使下产生了亲自前去考察的念头，最后，造成了令攻击者大失所望的结局。"

最好不要和你的客户进行对比试验。

有时，竞争变得异常激烈，必须采用直接对比试验来确定竞争产品的优劣，比如在销售农具、油漆和计算机时就经常这样做。如果你的产品在运行起来之后，客户可以马上看到它的优点，采用这种对比试验进行推销就再有效不过了。但是，如果客户本来就讨厌开快车，你还向他证明你的车比另一种车速度快，那便是不得要领了。

然而，对比试验也有可能因人为操纵而变得不公平。比如：

有两家公司生产的双向无线电通信设备在进行竞争性对比试验，一家是摩托罗拉公司，另一家的名字最好还是不公开。前者的方法：允许客户从手头的设备中任选一部，然后由该公司的人控制操纵台随意进行试验。后者是一家巨型公司，是前者的主要对手。它的方法却是：使用经常特别调试的设备参加对比试验，以保证达到最佳效果，而且由该公司的人控制操纵台，不让客户动手。

最后，摩托罗拉公司吃了大亏，下令公司的人永远不准与那家大公司的代表在同一间屋里与他们进行对比试验。看来，对比试验也有一定的危险，需要警惕。

催化法则：建立成熟的客户关系

建立成熟的客户关系，你就会一劳永逸。成交以后要重视客户的抱怨，让客户说出心里话，让客户选择你成为一种习惯。这是托德·邓肯教给我们的又一个法则。

一、让客户说出心里话

托德·邓肯告诉我们，推销人员要与客户保持联系，打电话或拜访都可以，而且这些行动得在你的产品送到他手上，或你开始提供服务时就进行。你得探询他对产品是否满意，如果不是，你得设法让他心满意足。

要注意的是，千万别问他："一切都还顺利吗？"

你的客户一定会回答："喔！还好啦！"

然而，事实未必如此，他也许对你的商品不满意，但他不见得会把他的失望和不满告诉你，可是他一定会跟朋友吐苦水。

如此一来，你的名声毁了，介绍人跑了，生意也别想再继续了。

难道你不想给自己一次机会，让客户满意吗？

你曾在外面享用丰富美味的大餐吗？你认为，花 75 美元在一个豪华餐厅里吃一餐很划算，因为听说餐厅提供高级波尔多葡萄酒、自制意大利通心粉、新鲜蔬菜沙拉配上适量的蒜泥调味汁，提拉米苏奶糕松软可口，让人赞不绝口。

可是，如果……如果每道菜都让你不满意，例如，酒已变味；通心粉煮得烂糊糊的；生菜沙拉里放了太多蒜泥，让你吃得一嘴蒜臭，不敢跟约会的朋友开口；提拉米苏奶糕又硬又干，那就更不用说了。

餐后，老板亲自走上来，拍拍你的肩膀问："怎么样，吃得还满意吗？"

你会回答："还好！"

不必疑惑为什么每个人都回答"还好"，反正人就是如此。

如果换个说辞呢？假设老板问："有什么需要改进的地方吗？"

这种坦然的问话会让你开口，你会说："葡萄酒发酸，通心粉黏糊糊的，提拉米苏奶糕又硬又干。最糟的就是生菜沙拉，你们的厨师到底懂不懂'适量的蒜味'是什么意思？"

这些话听起来很刺耳，但是老板已表明态度，他很在意自己的餐厅，期待你将这一餐的真正感受表达出来。而你照实说了，这等于是给他改善不足的机会。

他可能会如此回答：

"服务不佳，实在是非常对不起，您能说出真切感受，真是非常感激。请给我机会表达歉意。我们的大厨感冒,餐厅雇用的二厨看来无法达到我们要求的标准,我们会换一个新的。一个星期之内,当我们的大厨回来,盼望您再度光临,至于今天这一餐,您不用付任何费用。"

你必须用适当的问法,将客户的真心话引出来。如果客户发现你的产品或服务有问题,你要设法弥补。只要你有心改善,客户一定会留下好印象。如此一来,你的生意就能延续不断了。

记住:不要让客户说"还好",要让他将心里的话说出来。

二、争取做第一

1910年,德国行为学家海因罗特在实验过程中发现了一个十分有趣的现象:刚刚破壳而出的小鹅,会本能地跟在它第一眼看到的母亲后边。但是,如果它第一眼看到的不是自己的母亲,而是其他活动物体,它也会自动地跟随其后。尤为重要的是,一旦这只小鹅形成对某个物体的追随反应,它就不可能再对其他物体形成追随反应。用专业术语来说,这种追随反应的形成是不可逆的,而用通俗的语言来说,它只承认第一,无视第二。

在生活中,人对第一情有独钟。你会记住第一任老师、第一天上班、初恋等,但对第二则就没什么深刻的印象。在公司中,二把手总不被人注意,除非他有可能成为一把手;在市场上,第一品牌的市场占有率往往是第二的倍数……

在这里需要重点指出的是，单一顾客往往相信他所满意的产品，并会在很长时间内保持对该产品的忠诚，在这段时间内，他不会对其他同类产品产生更大的兴趣和信任。

许多企业也证实，顾客忠诚度与企业的盈利有着很大的相关性。美国学者雷奇汉和赛萨的研究结果表明，顾客忠诚度每提高5%，企业的利润就能增加25%～85%。美国一家化学品公司总裁泰勒认为，使消费者感到满意只是企业经营目标的第一步。"我们的兴趣不仅仅在于让顾客获得满意感，更要挖掘那些顾客认为能增进我们之间关系的有价值的东西。"

许多企业通过调查顾客满意程度来了解顾客对本企业产品和服务的评价，就是想通过提高顾客的满意程度来培养顾客的忠诚度。然而许多管理者发现，企业进行大量投资，提高了顾客的满意程度，可顾客却不断流失。对于企业和推销员来说，让顾客满意是远远不够的，如何培养顾客对组织、产品或者个人的忠诚才是推销的终极目标。

对于大多数商业机构而言，拥有一个忠诚的顾客群体是有好处的。从心理上讲，顾客忠实于某一特定的产品或商业机构也是有好处的。按照马斯洛的观点，从属感是人类比较高级的一种需要。作为一个物种，人与其他一些同自己拥有同样想法和价值观的人在一起会感到亲切和有从属感。那些能够向其顾客提供这种从属感的商业机构正是触及了人这种非常重要的心理特征。

从企业角度来说，回头客是企业宝贵的财富。新顾客或新用户为企业发展和兴旺带来了新的活力。企业要通过成功的营销手段不断地吸引更多的新顾客,同时也要不懈地努力去巩固和留住老客户,这一点对企业经营是非常重要的。

留住回头客的关键还在于与顾客保持联系。

与顾客和用户保持定期的联系,表示公司对顾客的关注和尊重,这样,可以增进双方感情交流,加深双方相互理解,也能够经常听到用户意见和反馈信息,及时进行质量改进,从而进一步加深企业与顾客之间的关系。

托德·邓肯告诉我们,方便顾客联系也有利于留住回头客。沟通便利使你的重要顾客能够不断地回头。

加演法则：不断提升服务质量

托德·邓肯认为，优良的服务就是优良的推销，销售中最好的推销就是服务，不能只开门而无服务，服务要有所为有所不为，做到贴心的服务让顾客心想事成。

一、服务也要讲特色

托德·邓肯认为，价格竞争是有限的，它不能超过成本的底线，质量竞争也是有限的，它不能超越技术的发展。在消费者越来越精明与挑剔的今天，服务无疑成了推销员打动"上帝"的最后一块金字招牌。但推销员在推销过程中应该注意的是，服务并不是为顾客包办一切，而是择其重点、取其精要；有所为有所不为。

服务内容不是任何情况下都整齐划一的，服务不存在一个标准的模式。不同的顾客、不同的消费目的、不同的消费时间与不同的消费地点，顾客对服务的要求是有差别的。例如，同一个游泳池就分早、中、晚三批不同的服务对象，同样是游泳，晨练的人目的在于锻炼身体；晌午主要用于训练运动员，目的在于提高成绩；傍晚嬉水的人目的在于娱乐休闲。所以，早晨游泳池的服务主要是提供运动水面、自来水设施，只要这两点满足了，晨练的人就能基本满意；参加训练的运动员则希望在这两点的基础上，在水面牵起索道，更加符合比赛要求；傍晚休闲的人则更注重存衣、救生、更衣服务。所以，服务应区分对象而有不同的层次。

不同的销售经营方式对所提供的服务内容也不相同，这些服务有主次之分。有些服务必不可少，为主要服务，目的在于满足顾客的基本期望；有些服务根据需要灵活设置，为辅助服务，目的在于形成特色。快餐店的服务人员就没有必要替客人端茶倒水、上餐前小点。在零售业中，由于销售方提供的服务内容不一样，于是便诞生了百货商店、超级市场、专卖店、购物中心、货仓式商店、24小时便利店等多种零售形式，它们以各自的服务特色满足着不同消费者的不同需求。

服务竞争是一个万花筒，没有统一的模式，每个商家都可以选择自己独特的服务方式。然而，不管商家选择何种服务模式，都必须围绕着购物这一环节来进行，其首要一点就是为顾客提供满意的商品。因为商场的基本功能是购物场所，无论装修得多么豪华、营业态度多么热情，离开购物这一环节，服务便成了无源之水。

人们常说心想事成，推销员应该知道如何让顾客心想事成，也就是要了解顾客的心中所想，做到贴心服务。贴心服务涉及的领域有精神上的，也有物质上的。

春节即将来临，各种红灯笼、福字琳琅满目；元宵节到来时，各式花灯星罗棋布；端午前夕，竹叶、艾草满街可见……充分满足了广大顾客的需求。市场上有许多厂商推出了新招，如一分钱专柜，提供了针、线和纽扣等；特大鞋商店专给脚大的人提供方便；此外，还有特种钢材、农具、日用品等，这些都是贴心服务的不同形式。

当母亲节到来时，儿女们都要一表孝心。这时，商人便开始绞尽脑汁争先设计取悦顾客、博得他们欢心的物品，以促进销售额的增长。随着物质生活的提高，消费者的消费心理也同样起了变化。在过去，送给母亲的礼物注重物美价廉。而近几年，这已不再是重点考虑的因素了。为了迎合这种消费趋势，各大百货公司改变了推销形式，不再用"大降价""优惠酬宾"等手段，而以温馨的贴心服务来打动消费者。为达到推销目的，各大公司各出奇谋，招数迭出。如一些商家，为了让不能返乡过节的游子能与亲人尽诉亲情，特别推出"亲情热线"服务台，在母亲节的某一时段，让顾客免费"打长途电话向妈妈问好"，此招大受顾客欢迎。前几年，送康乃馨给母亲表达孝心已在世界各地成了时尚，因此，康乃馨也成了母亲节促销活动最醒目的装饰。这些花有的被用来当作陈列品，有的用来现场销售，有的成了送货上门的订购礼物。有一家百货公司则独树一帜，隆重推出"康乃馨义卖周"，在母亲节当日提供500朵康乃馨在公司现场义卖，把所得款项捐给"心脏病儿童基金会"，此举赢得了广大顾客对公司的好感，无疑对未来潜在推销产生巨大影响。

二、不断提高服务质量

为客户服务是永无止境的追求。

由于商品种类与服务项目的不同,各行各业对于客户服务的定义多少会有些不同,但始终不变的则是客户服务的本质。

如果研究一下日本那些真正成功的公司,将发现它们都有一个共同的特点——在各自的行业为客户提供最优质的服务。像松下电器公司、三菱公司、东芝公司这样的国际知名大公司各自都在市场上占有很大的份额,这些公司的每一位推销员都致力于提供上乘服务。有这样一种推销员,他们"狂热"地寻求更好的方式,以"取悦"他们的客户。不管推销的是什么产品,他们都有一种坚定不移、日复一日的服务热情。各行各业的佼佼者都是如此。

当你用长期优质的服务将客户团团包围时,就等于是让你的竞争对手永远也踏不进你的客户的大门。

赢得终身的客户靠的不是一次重大的行动,要想建立永久的合作关系,你绝不能对各种服务掉以轻心。做到了这一点,客户就会觉得你是一个可以依靠的人,因为你会迅速回电话、按要求奉送产品资料等。这些话听起来是如此简单,确实也简单,而且做到"几十年如一日"的优质服务并不是什么复杂困难的事,但它确实需要一种持之以恒的自律精神。

真正的推销员应该明白,通过对零售商提供各种服务是能够使自己的生意兴旺发达起来的。充分认识到客户的价值,在第一份订单之后一直与客户保持密切合作。一个优秀的推销员不仅定期做存货检查，而且建议零售商削价处理滞销品，他还定期和其他推销员举行会议，共商推销妙策。除此之外，他还亲自设计广告创意，建议零售商实行那些在别的城市被证明行之有效的广告促销方法。

某汽车公司的推销员在成交之后、客户取货之前，通常都要花上 3~5 小时详尽地演示汽车的操作。公司要求所有推销员都必须介绍各个细节问题，包括一些很小的方面，比如怎样点燃热水加热器、怎样找到保险丝、怎样使用千斤顶等。

无论你推销什么，优质服务都是赢得永久客户的重要因素。当你提供稳定可靠的服务，与你的客户保持经常联系的时候，无论出现什么问题，你都能与客户一起努力去解决。但是，如果你只在出现重大问题时才去通知客户，那你就很难获得他们的好感。推销员的工作并不是简单地从一桩交易到另一桩交易，把所有的精力都用来发展新的客户，除此之外还必须花时间维护好与现有客户来之不易的关系。糟糕的是，很多推销员却认为替客户提供优质服务赚不了什么钱。乍一看，这种观点好像很正确，因为停止服务可以腾出更多的时间去发现、争取新的客户。但是，事实不是那么回事。人们的确欣赏高质量的服务，他们愿意一次又一次地回头光顾你的生意，更重要的是，他们乐意介绍别人给你，这就是所谓的"滚雪球效应"。

最后，托德·邓肯告诉我们："服务，服务，再服务。为你的客户提供持久的优质服务，使他们一有与别人合作的想法就会感到内疚不已！成功的推销生涯正是建立在这类服务的基础上的。"

Part 6

托尼·高登：
金牌推销员的制胜法宝

向前看,而不是盯着过去

放下过去,别老盯着昨天,推销能力源于经验,但未来才是一切,才是你最应该努力的。托尼·高登因此打开了人生的辉煌局面。

一、过去不代表未来

1920年,美国的一个小镇上,有个小女孩出生了,她的妈妈只给她取了个小名,叫小芳。小芳渐渐懂事后,发现自己与其他孩子不一样:她没有爸爸,她是私生子。人们总是用那种冰冷、鄙夷的眼光看她:这是一个没有父亲的孩子、没有教养的孩子、一个不好的家庭的孽种。于是她变得越来越脆弱,开始封闭自我,逃避现实。

小芳13岁那年,镇上来了一个牧师,从此她的一生便改变了。小芳听大人说,这个牧师非常好。她非常羡慕别的孩子一到礼拜天,便跟着自己的双亲,手牵手地走进教堂。很多次,她只能偷偷地躲在远处,看着镇上的人笑着从教堂里走出来,她只能通过教堂庄严神圣的钟声和人们面部的神情,想象教堂里是什么样以及人们在里面干什么。

有一天,她终于鼓起勇气,待人们进入教堂后,偷偷溜进去,躲在后排倾听,牧师正在讲:

"过去不等于未来。过去你成功了,并不代表未来还会成功;过去失败了,也不代表未来就要失败。过去的成功或者失败,那只代表过去,未来是靠现在决定的。现在干什么、选择什么,就决定了未来是什么!失败的人不要气馁,成功的人也不要骄傲。成功和失败都不是最终结果,它只是人生过程的一个事件。因此,这个世界不会有永远成功的人,也没有永远失败的人。"

第一次听过后,就有第二次、第三次、第四次、第五次冒险,但每次都是偷听几句话就快速消失。因为她懦弱、胆怯、自卑,她认为自己没有资格进教堂,她和常人不一样。

一次,小芳听得入了迷,完全忘记了时间的存在,直到教堂的钟声敲响才猛然惊醒,她已经来不及了。率先离开的人堵住了她迅速出逃的去路,她只得低头尾随人群,慢慢移动。突然,一只手搭在她的肩上,她惊惶地顺着这只手臂望上去,正是牧师。

"你是谁家的孩子?"牧师温和地问道。

这句话是她十多年来最害怕听到的。

这个时候,牧师脸上浮起慈祥的笑容,说:

"噢,我知道了。我知道你是谁家的孩子,你是上帝的孩子。"

然后,牧师抚摸着小芳的头发说:

"这里所有的人和你一样,都是上帝的孩子!过去不等于未来。

不论你过去怎么不幸,这都不重要。重要的是你对未来必须充满希望。现在就做出决定,做你想做的人。孩子,你要知道,人最重要的不是你从哪儿来,而是你要到哪儿去。只要你对未来保持希望,你现在就会充满力量。不论你过去怎样,那都已经过去了。只要你调整心态、明确目标,乐观积极地去行动,那么成功就是你的。"

牧师的话音刚落,教堂里顿时爆发出热烈的掌声。没有人说一句话,掌声就是理解、歉意、承认、欢迎!

从此,小芳变了……在40岁那年,小芳荣任州长,之后,她弃政从商,成为世界500强企业之一的公司总裁,成为全球赫赫有名的成功人物。67岁时,她出版了自己的回忆录。在书的扉页上,她写下了这句话:过去不等于未来!

这句话同时也送给你。不管过去你是成功还是失败,都不要太在意。未来才是一切,才是你最应该努力的。双眼向前看,你才能一路平安地走下去,如果眼睛总盯着后边,你怎么能不摔跤呢?

二、放弃过去并不意味着放弃经验

推销员刚刚进入推销这个行业时,作为业务新手,遇到问题时,与其跟同样资历不深的人讨论销路好与坏,还不如去问问优秀的前辈。但是,这并不是说每件事都要一一去问,如果你凡事必问的话会给人留下没有主见或者愚笨的印象,也没有人愿意总是帮助一个愚者。可是当你有怀疑时,不妨找一位你熟悉的资历老、业绩好的推销员，向他虚心请教："您看销路如何？价钱定多少比较合适？"这时候他的答案往往是很正确的。尤其是现在暂时还在后方工作而不了解一线情形的人，或者没有什么经验的新手，这样做会使你的工作效率明显提高。有的人自命不凡、自作聪明，认为"这样高价的东西卖不出"或"这种东西怎么可以卖"，但等到别人卖得很好，你再后悔已经无济于事了，并已经输在了起跑线上。

其实推销的方法有多种，真正的优秀推销员是需要一天一天地积累。创新能力也是需要厚积而薄发的。没有平时的积累，就算有了创新，有可能也是没有可行性的创造。这样的创造不但不能给你带来益处，还有可能让人觉得你是一个不脚踏实地的人。

要想成为一个卓有成就的推销员，不仅要让自己的知识跟上时代的步伐，在能力上，尤其是工作的技巧上也要齐头并进。但是，其中最重要的却是如何掌握学习新的知识和新的技巧的方法。下面的方法，如果你能够熟练运用，那么，相信你的素质和水平一定会逐渐得到提高，从而赢得竞争的优势。

在由推销员、顾客、公司等多方组成的市场中，推销员要有灵敏的市场直觉，像婴儿一样充满好奇地搜集关于顾客、商品、竞争对手的信息，且及时做出适当反应。这种直觉的获得一方面可以借助书本，但更重要的是在推销过程中不断学习。世界船王包玉刚在哈佛商学院的演说中曾强调："推销才能基本上是从经验中建立起来的。"

著名未来学家阿尔温·托夫勒在《权力的转移》中预言："人类社会正进入信息时代，信息就是控制、影响他人的权力。"推销过程就是一个信息传递的过程,推销员是通过语言来传递信息、改变顾客态度,从而使其接受商品的。幽默动人、富有感染力的语言技巧也是推销员必备的素质。这里,我们提醒推销员,要重视幽默在推销中的巨大威力,尽管不是所有的客户都具有幽默感。

杰出的推销员肯定善于管理自我,他们高效率地利用自己的时间,不断为自己设定更高的目标,随时反省检查推销的成效和失误,像婴儿一样贪婪地吮吸着新知识、新技术的"乳汁"。对于推销员而言,"一日之计在于夜",在每天夜间应当把一天推销的心得记下来,并对第二天的推销日程做好详细的规划。

总而言之,如果你想成为一个杰出的推销员的话,当你做到全身心地投入一个追求长期收益的活动的时候,比如说学习,你应该克制自己追求即刻满足感的欲望。追求即刻满足感的人在学习一项复杂又需要长期坚持的活动时,往往很快就会放弃。相反,如果你耐心地花时间学习更高水平的技巧,你就有机会体会到获得一种长期的利益所带来的成就感。需要记住的是,在这个时候你只是一个初学者,从事学习这样复杂的活动的时候,是没有捷径可言的。这或许也是取得巨大成就的一个代价,虽然成功的代价不止于此,但是只有付出过且有收获的人才能真正体会成功对于自己来说绝不仅仅是掌声、荣耀那么简单。

爱上你正进行的工作

勇敢地告诉别人:"我是一个推销员。"用心感受推销工作的伟大,热爱你的工作,享受工作中的乐趣,告诉自己,工作之中有面包。因为这样,托尼·高登走上了成功之路。

一、告诉别人你是一个推销员

长久以来,人们对推销的认知较偏狭,推销员是一个最容易被人误解甚至看轻的职业。但在今天,推销员已逐渐为大众所接受。

然而,世界各地有许多推销员,至今仍羞于承认他们的职业,而使用各种头衔来掩饰推销员的身份,如代表、顾问、AE(客户经理或业务经理)、中介、助理、行销专家、经理人、律师、传销商、业务执行、经纪人……他们一直不愿公开承认自己就是推销员!

但我们相信情况正在逐渐好转,让我们大声骄傲地宣布:"各位先生、各位女士,你和我已经克服了人们对推销从业人员的偏见和敌意,我们所从事的工作是世界上最有趣的工作,我们是精英团体的成员,我们是最棒的推销员!"

事实上,推销这一工作既能给自己带来不菲的收入,又能给他人带来好处。不要害羞,大胆承认你的职业!告诉身边所有的人,这项职业其实给了你一个帮助他人的好机会。医生治好病人的病,律师帮人排忧解难,而身为推销员的你,则为世人带来舒适、幸福的服务。

通常,成功的推销员都对自己的成就感到满意。大多数成功的推销员为人处世也很成功。他们乐于听取朋友的意见和忠告,其本身满怀的自信也帮助他们克服许多困难。他们非常重视自己的声誉。

就像杰出的运动员一样,推销员都是斗士,必须有赢的决心。他们乐于因胜利而为人称颂,喜欢成功的果实。

建议你找一个可以作为榜样的成功推销员,这个典范可以帮助你提升自己,并抗拒家人、亲友对你从事推销行业的不满和阻力。试着和这个行业的名人打交道,你会发现他们对自我和成就的"骄傲",一如前面的描述。跟随他们,学习他们,要做得和他们一样好。

当你做成一笔生意时,感觉多么舒畅啊!如果你对自己很满意,千万不要羞于承认。告诉全世界的人,你为自己的胜利感到骄傲,并且要立刻走出门,再谈另一笔生意。

推销员都是值得骄傲的人,希望你也是这样。

想成为冠军推销员吗?那么首先要记住的是,你从事的销售或者说推销，并不是用来果腹的简单工作，而是一项帮助你登上人生高峰的事业，是一项伟大的事业！

法国有一首小调叫《贩卖幸福的人》。幸福本来不是商品，不可以贩卖，但是如果你是一个推销员，你可以通过让需要的人购买你的产品，让他们生活得更加幸福。试想一下，是你，让一个容貌不够美丽的女子变得迷人；是你，让一个盲人可以自由地行走，感受世界；是你，让被钢筋水泥束缚的小孩子拥有一个自由的童年……这是一个让人多么幸福的事业！因此，你，就是那个贩卖幸福的人。而往往贩卖幸福的人才是一个真正幸福的人。

推销员是一个美妙的职业。从你事业生涯的开始，注定你的工作并不会像其他的职业那样单调，日复一日。你会发现你每天都会遇到不同的人、不一样的事情，每一天都要将幸福送出去，每一天都会有新的东西等着你去了解、去学习、去获取！简单地看，底层的业务工作至少可以让你在每一天都看见自己的进步、自己的努力获得的成就，这些果实会逐渐明确地呈现出来。因此，在这个舞台上，你可以看见自己的最佳表现；此外，由于接触到多种多样的人，你平时会自动地积累方方面面的知识，厚积薄发，这些资本日后就是你成功或者晋升管理层的基石。

现在，请大声告诉世界："我是一个推销员，我是一个从事伟大事业的人！"一定要从自己的内心感受到这份事业的伟大，并且记住，你成功的第一步已经迈出。

二、爱上你的工作

托尼·高登认为,成功的起点是首先要热爱自己的职业。无论从事什么职业,世界上一定有人讨厌你和你的职业,那是别人的问题。就算你是挖地沟的,如果你喜欢,关别人什么事?

托尼曾问一个神情沮丧的人是做什么的,那人说是推销员。托尼·高登告诉对方:销售员怎么能是你这种状态?如果你是医生,那你的病人会杀了你,因为你的状态很可怕。

他也被人问起过职业,听到答复后对方不屑一顾:"你是卖汽车的?"但托尼·高登并不理会:"我就是一个销售员,我热爱我的工作。"

美国前第一夫人埃莉诺·罗斯福曾经说过:"没有得到你的同意,任何人也无法让你感到自惭形秽。"托尼·高登认为在推销这一行尤其如此,如果你把自己看得低人一等,那么你在别人眼里也就真的低人一等。

工作是通向健康、通向财富之路。托尼·高登认为,它可以使你一步步向上走。

所以,既然你选择了推销工作,最好一直干下去。因为所有的工作都会有问题,明天不会比今天好多少,但是如果频频跳槽,情况会变得更糟。他特别强调,一次只做一件事。以树为例,从栽上树苗,精心呵护,到它慢慢长大,就会给你回报。你越精心呵护,树就会长得越高大,回报也就相应越多。

身为一名推销员应该以推销业为荣，因为它是一份值得别人尊敬及会使人有成就感的职业，如果有任何方法能使失业率降到最低，推销即是其中最必要的条件。你要知道，一个普通的推销员职位可为30位工厂下岗人员提供稳定的工作机会。这样的工作，怎么能说不是重要的呢？

高登说："每一个推销员都应以自己的职业为骄傲，因为推销员推动了整个世界。如果我们不把货物从货架上和仓库里面运出来，那么整个社会体系的钟就要停摆了。"

一个身强力壮的小伙子整天没有工作干劲，而一个白发苍苍的七旬老叟却能把事情做得比我们所有人都好。两者为什么会有这么明显的不同？

显而易见，其差别在于态度——前者不爱自己从事的工作，而后者酷爱自己的工作。一般来说，一个人越是热爱自己的工作，干劲就会越大，取得的成绩也越多。

某人曾同邻居家的孩子有过这样一段对话：

"学校里的情况怎样？"

"我觉得不错。"

"你的英语课学得怎么样？"

"糟透了，枯燥无味，我每天在课堂上打瞌睡。"

"那政治课呢？"

"也不行。上政治课时我同样困得睁不开眼，我们的老师确实糟透了。"

"物理课呢?"

"哦,"他突然眉开眼笑,"物理考试我得了满分。我就喜欢这门课,特别是实验。我长大以后想当一名物理学家。"

很显然,这个孩子对课程的喜恶态度对其分数有重大影响。

热爱你的工作吧,推销员朋友,这是成为冠军推销员不可缺少的。拿破仑说,不想当将军的士兵不是好士兵,同样,不想当冠军推销员的推销员不是好推销员。